일식·복어 조리기능사
실기시험문제

노수정(조리기능장), 문안나(조리기능장), 권정일(조리기능장)
김봉훈(조리기능장), 임병용(조리기능장), 최정민(조리기능장)

노수정
- 세종대학교 조리학 박사
- 성균관대학교 식품영양 · 위생 석사
- 현) 대경대학교 호텔조리과 교수
- 대한민국 조리기능장
- 조리기능사, 조리산업기사, 조리기능장 실기감독위원

문안나
- 한성대학교 외식경영학석사
- 현) 대경대학교 호텔조리과 교수
- 대한민국 조리기능장
- 조리기능사, 조리산업기사 실기감독위원

권정일
- 남가정 대표
- 동강대학교 외식조리제빵과 겸임교수
- 국가기술자격 조리산업기사실기시험 감독
- 국가기술자격 조리기능사실기시험 감독
- 대한민국 조리기능장

임병용
- 대한민국 조리기능장
- 현) 임병용 명인의 활진복어요리연구소 대표
- 신한서재능경력대학원 복어요리학 부문 박사
- 조리기능사, 조리산업기사, 조리기능장 실기감독위원
- 대한민국 문화예술 요리명인 / 대한민국 요리신지식인

김봉훈
- 대구가톨릭대학교 외식산업학과 석사
- 대한민국 조리기능장
- 현) 한국도로공사 총주방장
- 조리기능사, 조리산업기사, 조리기능장 실기감독위원

최정민
- 대구카톨릭대학교 식품외식산업학과 석사 · 박사
- 대한민국명인회 대한명인
- 한국신지식인협회 신지식인
- 대한민국 조리기능장
- 현) 대구카톨릭대학교 식품외식산업학과 외래교수

외식산업의

　발달과 더불어서 음식문화에 대한 대중의 인식도 많은 변화를 가져오게 되었으며 그에 따른 조리업무는 무엇보다 건강과도 연결되어 조리사의 직업 세계는 이론적, 과학적 배경을 기초로 해서 더 나은 조리 기술 개발이 이루어져야 하겠습니다.

　이 교재는 일식, 복어조리에 관련된 조리사로의 입문을 준비하거나 이미 입문하여 자격증을 준비하는 분들을 위해 국가직무능력표준(NCS)을 활용하여 시험문제를 채점기준에 맞추어 철저하게 분석하여 합격으로의 길로 인도해드리기 위해 다음과 같은 사항에 중점을 두어 엮었습니다.

- 1. 메뉴 전 과정을 수험생 스스로 사진을 보고 실습이 가능하도록 과정 컷을 늘려서 작업하여 이해도를 높였습니다.
- 2. 오랜 실기 감독 위원 활동을 통해 얻은 노하우를 조리법에 풀어서 썼으며 감독관의 중점 체크 포인트란을 두어 비중 있게 다루어야 하는 부분을 구분했습니다.
- 3. 참고사항을 통해 다시 한번 되짚어 보아야 하는 조리법을 상세히 설명하였습니다.

　현 조리기능사 실기시험 위원들로 이루어진 저자들이 심혈을 기울인 이 수험서가 수험자 여러분들에게 합격의 영광이 있기를 기원합니다.

　전과정의 조리 진행에 참여해 주신 사랑하는 제자분들과 사진촬영을 맡아주신 김장곤 선생님 교재의 발간을 위해 도움을 주신 ㈜도서출판 책과 상상의 임직원 여러분들에게 감사의 말씀을 드립니다.

저자 일동

▶ 이 책에 대한 내용 문의는 rsj7@tk.ac.kr 또는 010-5494-0990(저자-노수정)으로 해주시기 바랍니다.

Contents
이 책의 차례

일식

무침조리

01 갑오징어 명란무침
(いかのさくらあえ : 이까노사쿠라아에)

48

국물조리

02 도미머리 맑은국
(たいのすいもの : 다이노스이모노)

52

03 대합 맑은국
(はまぐりすいもの : 하마구리스이모노)

56

04 된장국
(みそしる : 미소시루)

60

조림조리

05 도미조림
(たいのあらたき : 다이노아라타끼)

64

초회조리

06 문어초회
(たこのすのもの : 타코노스노모노)

68

07 해삼초회
(なまこのすのもの : 나마꼬노스노모노)

72

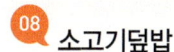
밥류조리

08 소고기덮밥
(ぎゅうにくのどんぶり : 규우니쿠노돈부리)

76

면조리

09 우동볶음(야키우동)
(やきうどん : 야끼우동)

10 메밀국수(자루소바)
(ざるそば : 자루소바)

80 84

구이조리

11 삼치소금구이
(さわらのしおやき : 사와라노시오야끼)

12 소고기간장구이
(ぎゅうにくのでりやき : 규우니쿠노데리야끼)

13 전복버터구이
(あわびのバターやき : 아와비노바타야끼)

14 달걀말이
(だしーまきたまご : 다시마끼타마고)

88 92 96 100

찜조리

15 도미술찜
(たいのさかむし : 다이노사카무시)

16 달걀찜
(ちゃわんむし : 차완무시)

104 108

초밥조리

17 생선초밥
(にぎりずし : 니기리즈시)

18 참치김초밥
(てっかまき : 뎃까마끼)

19 김초밥
(まきずし : 마끼즈시)

112 116 120

 복어

1과제

복어부위감별

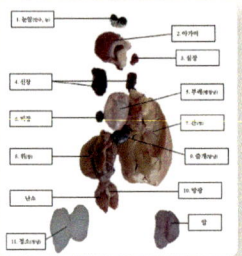

145

2과제

01 복어회
(ふぐさし : 후구사시)

150

02 복어껍질초회
(ふぐかわのすのもの : 후구가와노스모노)

156

03 복어죽(조우스이)
(ふぐぞうすい : 후구조우스이)

160

01. 시험장 준비물

일식조리기능사 지참준비물 목록

수험자 지참 준비물은 변경이 있을 수 있으므로 시험 전 큐넷을 통해 확인하시기 바랍니다.

번호	재료명	규격	단위	수량	비고
1	가위	–	EA	1	
2	강판	–	EA	1	
3	계량스푼	–	EA	1	
4	계량컵	–	EA	1	
5	국대접	기타 유사품 포함	EA	1	
6	국자	–	EA	1	
7	김발	–	EA	1	
8	냄비	–	EA	1	시험장에도 준비되어 있음
9	달걀말이용 후라이팬	사각	EA	1	
10	도마	흰색 또는 나무도마	EA	1	시험장에도 준비되어 있음
11	뒤집개	–	EA	1	
12	랩	–	EA	1	
13	숟가락	차스푼 등 유사품 포함	EA	1	
14	면보/행주	–	장	1	흰색
15	밥공기	–	EA	1	
16	볼(bowl)	–	EA	1	
17	비닐팩	위생백, 비닐봉지 등 유사품 포함	장	1	
18	상비의약품	손가락골무, 밴드 등	EA	1	
19	쇠꼬치(쇠꼬챙이)	생선구이용	EA	1	
20	쇠조리(혹은 체)	–	EA	1	
21	마스크	–	EA	1	위생복장(위생복, 위생모, 앞치마, 마스크)을 착용하지 않을 경우 채점대상에서 제외(실격)됩니다.
22	앞치마	흰색(남, 녀공용)	EA	1	
23	위생모	흰색	EA	1	
24	위생복	상의 – 흰색/긴소매, 하의 – 긴바지(색상무관)	벌	1	
25	위생타올	행주, 키친타올, 휴지 등 유사품 포함	장	1	
26	이쑤시개	–	EA	1	
27	접시	양념접시 등 유사품 포함	EA	1	
28	젓가락	–	EA	1	
29	종이컵	–	EA	1	
30	종지	–	EA	1	
31	주걱	–	EA	1	
32	집게	–	EA	1	
33	칼	조리용칼, 칼집포함	EA	1	
34	호일	–	EA	1	
35	후라이팬	–	EA	1	시험장에도 준비되어 있음

※ 지참준비물의 수량은 최소 필요수량으로 수험자가 필요시 추가지참 가능합니다.
※ 모든 조리기구에 눈금표시 사용 허용
※ 지참준비물은 일반적인 조리용을 의미하며, 기관명, 이름 등 표시가 없는 것이어야 합니다.
※ 지참준비물 중 수험자 개인에 따라 과제를 조리하는데 불필요한 조리기구는 지참하지 않아도 무방합니다.
※ 지참준비물 목록에는 없으나 조리에 직접 사용되지 않는 조리 주방용품(예. 수저통 등)은 지참 가능합니다.
※ 수험자지참준비물 이외의 조리기구를 사용한 경우 채점대상에서 제외(실격)됩니다.

복어조리기능사 지참준비물 목록

수험자 지참 준비물은 변경이 있을 수 있으므로 시험 전 큐넷을 통해 확인하시기 바랍니다.

번호	재료명	규격	단위	수량	비고
1	위생복	상의-흰색/긴소매, 하의-긴바지(색상무관)	벌	1	위생복장(위생복, 위생모, 앞치마, 마스크)을 착용하지 않을 경우 채점대상에서 제외(실격)됩니다.
2	위생모	흰색	EA	1	
3	앞치마	흰색(남,녀공용)	EA	1	
4	마스크	-	EA	1	
5	칼	조리용칼, 칼집포함	EA	1	
6	도마	흰색 또는 나무도마	EA	1	시험장에도 준비되어 있음, 도마 고정 보조 용품(실리콘 등) 사용가능
7	계량스푼	-	SET	1	
8	계량컵	-	EA	1	
9	가위	-	EA	1	
10	냄비	-	EA	1	시험장에도 준비되어 있음
11	밥공기	-	EA	1	
12	국대접	기타 유사품 포함	EA	1	
13	접시	양념접시 등 유사품 포함	EA	1	
14	종지	-	EA	1	
15	숟가락	차스푼 등 유사품 포함	EA	1	
16	젓가락	-	EA	1	
17	국자	-	EA	1	
18	주걱	-	EA	1	
19	강판	-	EA	1	
20	종이컵	-	EA	1	
21	위생타올	행주, 키친타올, 휴지 등 유사품 포함	장	1	
22	면보/행주	-	장	1	흰색
23	비닐팩	위생백, 비닐봉지 등 유사품 포함	장	1	
24	랩	-	EA	1	
25	호일	-	EA	1	
26	이쑤시개	-	EA	1	
27	상비의약품	손가락골무, 밴드 등	EA	1	
28	흑색볼펜	문구용	EA	1	필수 지참
29	수정테이프 (수정액 제외)	-	EA	1	

※ 지참준비물의 수량은 최소 필요수량으로 수험자가 필요시 추가지참 가능합니다.
※ 모든 조리기구에 눈금표시 사용 허용
※ 지참준비물은 일반적인 조리용을 의미하며, 기관명, 이름 등 표시가 없는 것이어야 합니다.
※ 지참준비물 중 수험자 개인에 따라 과제를 조리하는데 불필요한 조리기구는 지참하지 않아도 무방합니다.
※ 지참준비물 목록에는 없으나 조리에 직접 사용되지 않는 조리 주방용품(예, 수저통 등)은 지참 가능합니다.
※ 수험자지참준비물 이외의 조리기구를 사용한 경우 채점대상에서 제외(실격)됩니다.

02. 시험장 복장

03. 시험장 조리도구셋팅사진

일식·복어 세팅

04. 위생상태 및 안전관리 세부기준 안내

순번	구분	세부기준

1	위생복 상의	• 전체 흰색, 손목까지 오는 긴소매
		  – 조리과정에서 발생 가능한 안전사고(화상 등) 예방 및 식품위생(체모 유입방지, 오염도 확인 등) 관리를 위한 기준 적용
		  – 조리과정에서 편의를 위해 소매를 접어 작업하는 것은 허용
		  – 부직포, 비닐 등 화재에 취약한 재질이 아닐 것, 팔토시는 긴팔로 불인정
		• 상의 여밈은 위생복에 부착된 것이어야 하며 벨크로(일명 찍찍이), 단추 등의 크기, 색상, 모양, 재질은 제한하지 않음(단, 핀 등 별도 부착한 금속성은 제외)

2	위생복 하의	• 색상·재질무관, 안전과 작업에 방해가 되지 않는 **발목까지 오는** 긴바지 – 조리기구 낙하, 화상 등 안전사고 예방을 위한 기준 적용
3	위생모	• 전체 흰색, 빈틈이 없고 바느질 마감처리가 되어 있는 일반 조리장에서 통용되는 위생모(모자의 크기, 길이, 모양, 재질(면·부직포 등)은 무관)
4	앞치마	• 전체 흰색, 무릎아래까지 덮이는 길이 – 상하일체형(목끈형) 가능, 부직포·비닐 등 화재에 취약한 재질이 아닐 것
5	마스크 (입가리개)	• 침액을 통한 위생상의 위해 방지용으로 종류는 제한하지 않음 (단, 감염병 예방법에 따라 마스크 착용 의무화 기간에는 '투명 위생 플라스틱 입가리개'는 마스크 착용으로 인정하지 않음)
6	위생화 (작업화)	• 색상 무관, 굽이 높지 않고 발가락·발등·발뒤꿈치가 덮여 안전 사고를 예방할 수 있는 깨끗한 운동화 형태
7	장신구	• 일체의 개인용 장신구 착용 금지(단, 위생모 고정을 위한 머리핀 허용)
8	두발	• 단정하고 청결할 것, 머리카락이 길 경우 흘러내리지 않도록 머리망을 착용하거나 묶을 것
9	손 / 손톱	• 손에 상처가 없어야하나, 상처가 있을 경우 보이지 않도록 할 것 (시험위원 확인 하에 추가 조치 가능) • 손톱은 길지 않고 청결하며 매니큐어, 인조손톱 등을 부착하지 않을 것
10	폐식용유 처리	• 사용한 폐식용유는 시험위원이 지시하는 적재장소에 처리할 것
11	교차오염	• 교차오염 방지를 위한 칼, 도마 등 조리기구 구분 사용은 세척으로 대신하여 예방할 것 • 조리기구에 이물질(예, 테이프)을 부착하지 않을 것
12	위생관리	• 재료, 조리기구 등 조리에 사용되는 모든 것은 위생적으로 처리하여야 하며, 조리용으로 적합한 것일 것
13	안전사고 발생 처리	• 칼 사용(손 빔) 등으로 안전사고 발생 시 응급조치를 하여야하며, 응급조치에도 지혈이 되지 않을 경우 시험진행 불가
14	눈금표시 조리도구	• 눈금표시된 조리기구 사용 허용(단, 눈금표시에 재어가며 재료를 써는 조리작업은 조리기술 및 숙련도 평가에 반영)
15	부정 방지	• 위생복, 조리기구 등 시험장내 모든 개인물품에는 수험자의 소속 및 성명 등의 표식이 없을 것(위생복의 개인 표식 제거는 테이프로 부착 가능)
16	테이프사용	• 위생복 상의, 앞치마, 위생모의 소속 및 성명을 가리는 용도로만 허용

※ 위 내용은 식품안전관리인증기준(HACCP) 평가(심사) 매뉴얼, 위생등급 가이드라인 평가 기준 및 시행상의 운영사항을 참고하여 작성된 기준입니다.

05. 위생상태 및 안전관리에 대한 채점기준 안내

위생 및 안전 상태	채점 기준
1. 위생복(상/하의), 위생모, 앞치마, 마스크 중 한 가지라도 미착용한 경우 2. 평상복(흰티셔츠, 와이셔츠), 패션모자(흰털모자, 비니, 야구모자) 등 기준을 벗어난 위생복장을 착용한 경우	실격 (채점대상 제외)
3. 위생복(상/하의), 위생모, 앞치마, 마스크를 착용하였더라도 • 무늬가 있거나 유색의 위생복 상의·위생모·앞치마를 착용한 경우 • 흰색의 위생복 상의·앞치마를 착용하였더라도 부직포, 비닐 등 화재에 취약한 재질의 복장을 착용한 경우 • 팔꿈치가 덮이지 않는 짧은 팔의 위생복을 착용한 경우 • 위생복 하의의 색상, 재질은 무관하나 짧은 바지, 통이 넓은 힙합스타일 바지, 타이츠, 치마 등 안전과 작업에 방해가 되는 복장을 착용한 경우 • 위생모가 뚫려있어 머리카락이 보이거나, 수건 등으로 감싸 바느질 마감 처리가 되어있지 않고 풀어지기 쉬워 일반 조리장용으로 부적합한 경우 4. 수험자의 소속이나 성명이 있는 위생복 또는 조리기구를 사용(착용)한 경우 5. 이물질(예, 테이프) 부착 등 식품위생에 위배되는 조리기구를 사용한 경우 ※ 위생복 테이프 부착은 식품위생 위배 조리기구에 해당하지 않음	'위생상태 및 안전관리' 점수 전체 0점
6. 위생복(상/하의), 위생모, 앞치마, 마스크를 착용하였더라도 • 위생복 상의가 팔꿈치를 덮기는 하나 손목까지 오는 긴소매가 아닌 위생복(팔토시 착용은 긴소매로 불인정), 실험복 형태의 긴가운, 핀 등 금속을 별도 부착한 위생복을 착용하여 세부기준을 준수하지 않았을 경우 • 테두리선, 칼라, 위생모 짧은 창 등 일부 유색의 위생복 상의·위생모·앞치마를 착용한 경우 (테이프 부착 불인정) • 위생복 하의가 발목까지 오지 않는 8부바지 • 위생복(상/하의), 위생모, 앞치마, 마스크에 수험자의 소속 및 성명을 테이프 등으로 가리지 않았을 경우 7. 위생화(작업화), 장신구, 두발, 손/손톱, 폐식용유 처리, 안전사고 발생 처리 등 '위생상태 및 안전관리 세부기준'을 준수하지 않았을 경우 8. '위생상태 및 안전관리 세부기준'이외에 위생과 안전을 저해하는 기타사항이 있을 경우	'위생상태 및 안전관리' 점수 일부 감점

※ 위 기준에 표시되어 있지 않으나 일반적인 개인위생, 식품위생, 주방위생, 안전관리를 준수하지 않았을 경우 감점처리 될 수 있습니다.
※ 수도자의 경우 제복 + 위생복 상의/하의, 위생모, 앞치마, 마스크 착용 허용

06. 실기시험 위생과 안전채점 배점안내

 위생과 안전 채점 세부항목(총 10점)

실기시험은 실기과제와 위생과 안전을 합하여 100점으로 채점하게 되어있으며 위생과 안전채점의 세부항목은 다음과 같습니다. 다음의 내용을 숙지하여 실기시험에 임하도록 합시다.

세부항목		예	아니오
개인위생 (3점)	1) 위생복, 위생모, 앞치마, 위생화를 청결한 상태로 착용하고 있습니다.	○	×
	2) 장신구를 착용하지 않았습니다. (시계, 반지, 귀걸이, 목걸이, 팔찌 등)	○	×
	3) 손과 손톱은 청결합니다. (손톱 짧게, 매니큐어 및 인조손톱부착 금지)	○	×
	4) 얼굴, 두발이 깨끗하고 단정합니다. (긴머리일 경우 단정히 묶거나 머리망 착용 등)	○	×
	5) 손에 상처가 없거나 상처가 있을 경우 보이지 않게 깨끗이 처리하였습니다.	○	×
식품위생 (조리과정) (4점)	1) 식재료를 위생적으로 취급합니다. (세척, 식재료 떨어뜨리지 않기 등)	○	×
	2) 음식의 맛을 보지 않았습니다.	○	×
	3) 조리기구를 위생적으로 취급하며 정리정돈을 잘 합니다. (도마, 칼 등으로 인한 교차오염 방지(세척))	○	×
	4) 조리대 등 조리 주변 환경을 청결하게 유지합니다.	○	×
	5) 행주는 청결하게 취급하고 있습니다.	○	×
	6) 조리 중 행동이 위생적입니다. (조리 중 머리나 얼굴을 만지지 않는 등)	○	×
주방위생 (정리정돈) (2점)	1) 시험종료 후 조리기구가 청결합니다.	○	×
	2) 조리대 등 주변환경(가스레인지 포함)이 청결합니다.	○	×
	3) 씽크대(거름망 청소 등)가 청결합니다.	○	×
	4) 조리기구 정리정돈을 잘 하였습니다.	○	×
	5) 음식물쓰레기를 지정 장소에 처리하였습니다.	○	×
안전관리 (1점)	1) 개인 및 시설·장비를 안전하게 관리(사용)하면 만점 (조리장비·도구(화구 등) 사용 전 이상 유무 점검, 칼에 대한 사용 안전(손 빔), 개인 안전사고시 응급 조치 실시, 튀김기름 적재장소 처리 등)		

PART 01

 일식 조리기능사

CHAPTER

일식의 개요
일식 기초손질
일식 실기

일본 요리의 개요

일본 음식의 배경

일본은 4면이 바다로 둘러싸여 있어 고기보다 생선요리가 주로 발달되었다. 일본요리는 4계절의 식재료를 이용해 특색있게 표현하여 그 가치를 한층 높인 음식들이 다양한 것이 특징이며 일식은 일본 내에서는 와쇼쿠(和食,화식)라 부르지만 우리나라에서는 일식(日食)이라 부른다. 일본은 예부터 전해져 내려오는 전통적 요리와 외국문화와의 교류를 통해 다양한 조리법을 병행하여 저만의 일본식으로 개발해 냈다는 것에 그 의의가 있다.

일본 음식의 특징

사계절의 뚜렷한 변화가 식생활에 그대로 반영되어 있어 계절의 맛은 살리고, 계절의 재료를 사용한 음식을 최고의 요리로 치는 것이 일본 요리로 한국과 마찬가지로 밥이 주식이며, 부식으로 반찬이 놓인다. 또한 섬나라의 특징으로 신선한 어패류가 풍부하여 고기류 보다는 생선류의 음식이 발달되어 있으며, 자극적인 조미료나 향신료를 많이 사용하지 않으므로 맛이 담백한 것이 특징이다.

일본 음식의 종류

먼저 지형적 분류로는 관동요리와 관서요리가 있다. 관동요리는 무가 및 사회적 지위가 높은 사람들에게 제공하기 위한 의례 요리가 발달하기 시작했는데, 맛이 진하고 달며 짠 것이 특징이라 할 수 있고 관서요리는 관동요리에 비해 맛이 엷고 부드러우며, 설탕을 비교적 쓰지 않고 재료 자체의 맛을 살려 조리하는 것이 특징이다.

형식적 분류로는 관혼상제의 경우에 정식으로 차리는 의식요리로서, 식단의 기본이 일즙삼채, 이즙오채, 삼즙칠채 등인 본선요리와 연회석에서 차리는 요리 및 가이세끼 요리인 회석요리, 검소하고 비리지 않은 식물성 요리, 양보다 질을 중요시하며 재료 자체로 자연의 모습을 최대한 살리는 것이 특징인 다회석 요리, 동물성을 피하고 식물성을 이용하여 채소류, 곡류, 두류, 해초류만으로 조리한 불교승의 독특한 요리인 정진요리가 대표적이다.

조리방법에 따른 분류로는 우리나라에서도 잘 알려진 사시미와 스시가 있는데 생선회라고도 불리는 사시미는 스가다모리 (한마리의 생선을 통째로 생선회로 만드는 것), 우스쯔꾸리 (그릇의 문양이 비칠 정도로 생선살을 얇게 썰어 담아내는 것)가 있으며, 스시의 종류로는 김초밥인 마끼스시, 생선초밥인 니기리스시, 상자초밥인 하꼬스시 등이 있다. 그 외에도 구이요리인 야끼모노와 조림요리인 니모노 등이 있다.

일본 음식의 지역별 특징

일본 요리는 관서풍(關西風) 또는 관동풍(關東風) 음식으로 나누어지는데 관서풍 요리는 교토와 오사카를 중심으로 발달한 요리인 반면, 관동풍 요리는 도쿄의 옛 이름인 에도를 중심으로 발달한 요리를 말한다.

1) 관서풍

관서지방은 전통적인 일본 요리가 발달된 곳으로 교토는 오랫동안 역사의 중심지였으며, 귀족문화가 발달한 곳으로 담백한 채소 및 건어물을 주로 사용하였으며 오사카에서는 바다와 가까워 어패류를 많이 접할 수 있어 실용적이며 합리적인 생선요리가 주종을 이루어 발달되었다.

2) 관동풍

관동지방의 요리는 도쿄의 옛 이름인 에도를 중심으로 발달하였으며 도쿄만과 스미다강에서 잡은 어패류를 사용한 초밥, 덴뿌라, 민물장어와 메밀국수 등이 대표적인 관동풍의 요리이다. 설탕과 진간장을 사용해 음식의 맛을 진하게 내어 관동지방의 조림 요리는 짭짤하고 국물의 양이 적다.

일본의 식사예절

- **뚜껑**이 있는 경우에는 밥그릇, 국그릇, 조림 그릇의 순서로 뚜껑을 열고 상의 왼쪽에 있는 것은 왼손으로 뚜껑을 쥐고 오른손을 대어 물기가 떨어지지 않도록 뒤집어 상 왼쪽의 타타미에 놓는다.

- **밥** : 양손으로 밥공기를 들어 왼손 위에 올려놓고, 그대로 오른손으로 젓가락을 위에서 집어 왼손 가운데 손가락 사이에 끼우고 오른손으로 쓰기 좋게 잡은 후 젓가락 끝을 국에 넣어 조금 축인 뒤 밥을 한입 먹는다.

- **국** : 국그릇을 두 손으로 들어 앞에서와 같이 젓가락을 들고 건더기를 먹은 후, 국물을 한 모금 마시는데 이 때, 젓가락으로 건더기를 누르고 마신 후에 놓는다.

- **반찬** : 조림은 그릇째로 들거나, 국물이 없는 것은 뚜껑에 덜어서 먹는다.

- **회** : 나눔 젓가락을 이용해 접시 가장자리에서부터 차례로 작은 접시에 덜어 와사비를 곁들인 간장에 찍어 먹는다.

- **생선** : 머리 쪽에서부터 꼬리 쪽으로 먹으며 뒤집지 않는다.

- **자왕무시(달걀찜)** : 젓가락으로 젓지 않고, 앞에서부터 떼어내어 먹는다.

- **차** : 찻잔을 두 손으로 들어 왼손은 찻잔 밑을 받치고 오른손은 찻잔을 쥐어 마신 다음, 뚜껑은 다시 덮어둔다.

- 식사가 끝나면 그릇에 뚜껑이 있는 경우에는 다시 덮어주고, 젓가락은 상 위에 가지런히 놓아둔다.

일본 요리 기초손질

순서

01. 일식 칼의 종류와 칼 잡는 방법
02. 다시 만들기
03. 당근 매화꽃 모양내기(도미술찜)
04. 무 은행잎 모양내기(도미술찜)
05. 배추말이(도미술찜)
06. 표고버섯 별 모양내기(도미술찜)
07. 오이 자바라 썰기(문어초회, 해삼초회)
08. 무 국화꽃 모양내기(삼치소금구이)
09. 삼치 손질하기(삼치소금구이)
10. 도미 손질하기(도미조림, 도미술찜, 도미머리 맑은국)
11. 전복 손질하기(전복버터구이)
12. 달걀말이(달걀말이, 김초밥)
13. 학꽁치 손질하기(생선초밥)
14. 새우 손질하기(생선초밥)
15. 참치살 손질하기(생선초밥, 참치김초밥)
16. 문어 손질하기(문어초회, 생선초밥)
17. 생선초밥 만들기(생선초밥)
18. 해삼 손질하기(해삼초회)
19. 갑오징어 손질하기(갑오징어 명란무침)
20. 레몬 오리발 만들기(도미머리 맑은국, 달걀찜)
21. 생강채(하리쇼가) 만들기(도미조림, 소고기 간장구이)
22. 초생강 만들기(생선초밥, 참치김초밥, 김초밥)
23. 빨간무즙(아까오로시) 만들기(해삼초회, 도미술찜)

01. 일식 칼의 종류와 칼 잡는 방법

일식 칼의 종류

① 사시미 호쵸(칼)
② 대바 호쵸(칼)
③ 우스바(채소칼)

칼의 종류	특 징
① 사시미 호쵸(칼)	• 버들잎 모양의 가늘고 긴 형태 • 칼의 길이가 대(33cm), 중(27cm), 소(24cm)로 나뉨 • 생선회 등 포를 뜰 때 많이 사용함 • 재료를 당겨서 썰기 때문에 칼의 길이가 긴 것이 특징임
② 대바 호쵸(칼)	• 종류가 대, 중, 소로 나뉘며 재료의 크기에 따라 선택하여 사용함 • 생선절단, 오로시(세장이나 다섯장 뜨기), 통사시미 등에 사용함
③ 우스바(채소칼)	• 도마의 표면에 칼날이 균등하게 닿게 되어 있는 칼 • 주로 채소를 썰거나 손질할 때 적합한 칼

일식 칼 잡는 법

칼잡는 자세	특징
유비사시가타(指さし型)  	• 손가락질을 하듯이 검지를 칼등에 얹어 사용하는 형태 • 회를 썰거나 김밥을 썰 때 사용 • 긴 칼을 칼 턱부터 칼끝 부분까지 사용할 때 좋으며 김밥 등을 썰 때 칼끝을 높이 들고 쓰는 형태
오사에가타(押さえ型)  	• 엄지로 눌러 짓누르듯이 잡는 형태 • 딱딱하거나 얼은 재료를 써는 방법 또는 납작한 생선의 목을 칠 때 잡는 형태

| 칼잡는 자세 | 특징 |

니기리가타(握り型)

- 칼등을 움켜쥐듯이 잡는 형태
- 채소나 기타재료를 썰 때 많이 사용하는 방법

오로시(おろし)하기

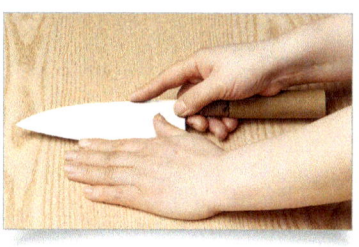

- 검지를 칼등에 대고 칼을 옆으로 뉘어서 사용하는 형태
- 생선의 살을 발라낼 때 사용하는 방법

기사키가타(ぎつさぎ型)

- 검지를 칼등에 얹고 칼을 45도 정도 세워서 사용하는 형태
- 생선을 잡거나 고기 등에 칼집을 넣을 때 사용하는 방법

02. 다시 만들기

다시마 다시 만들기

1. 젖은 면보로 다시마의 표면을 닦는다.

2. 국물이 잘 우러나도록 다시마에 칼집을 넣는다.

3. 찬물에 다시마를 넣고 약불(10분 후에 물이 끓을 수 있도록)에서 천천히 맛이 우러나도록 끓인다.

4. 물이 끓으면 다시마를 건져내고 다시마 다시를 완성한다.

가다랑어 국물 (가쓰오다시) 만들기

1. 젖은 면보로 다시마의 표면을 닦는다.

2. 국물이 잘 우러나도록 다시마에 칼집을 넣는다.

3. 찬물에 다시마를 넣고 약불(10분 후에 물이 끓을 수 있도록)에서 천천히 맛이 우러나도록 끓인다.

4. 물이 끓으면 다시마를 건져내고 불을 끈다.

5. 4에 가다랑어포를 넣고 2~5분가량 우려낸다.

6. 면보에 걸러서 가다랑어 국물(가쓰오다시)을 완성한다.

03. 당근 매화꽃 모양내기 (종목 – 도미술찜)

1. 당근의 모양이 한쪽으로 치우치지 않도록 5점을 찍듯이 칼금을 넣고 점과 점의 끝을 칼로 잘라 오각형을 만든다.

2. 5면의 중앙에 약 0.5cm의 칼집을 넣는다.

3. 칼집을 중심으로 한쪽을 파내서 자르고 반대쪽도 파내서 잘라 꽃잎을 만들고 꽃잎의 각이 진 부분을 둥그렇게 다듬는다.

4. 당근 중앙을 중심으로 바깥쪽 꽃잎에서 중앙으로 꽃잎 사이의 골에 대각선으로 칼집을 넣는다.

5. 당근을 돌려가며 꽃잎을 대각으로 파낸(꽃잎 5군데)다음 반대로 돌려서 뒷면도 같은 방법으로 파낸다.

6. 앞과 뒤의 모양이 끝나면 반으로 잘라 2개의 당근 매화꽃을 만든다.

04. 무 은행잎 모양내기 (종목 – 도미술찜)

1. 원형 무의 1/4개로 가운데 0.5cm 정도 칼집을 넣는다.
2. 칼집을 중심으로 한쪽 방향으로 파내서 자르고 나머지 반대쪽도 잘라서 파낸다.
3. 파낸 부분을 곡선이 생기도록 다듬는다.
4. 하단 부분을 잘라서 세우기 좋게 만든다.
5. 완성된 무 은행잎 모양

05. 배추말이 (종목 – 도미술찜)

1. 배추와 실파(또는 쑥갓 줄기)는 끓는 물에 소금을 넣고 70~80% 정도 익도록 데친다.

2. 데친 배추와 실파는 찬물에 식혀서 준비한다.

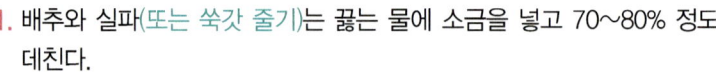

3. 식힌 배추는 물기를 살짝 짠 후 도마에 두고 두꺼운 흰부분을 포(포뜬 것은 채 썰어서 소로 사용가능)뜬다.

4. 김발 위에 데친 배추를 놓고 데친 실파를 올려 말아준다.

5. 김발로 풀리지 않게 말아서 살며시 물기를 짠다.

6. 약 5cm 길이로 썰어서 사용한다.

06. 표고버섯 별 모양내기 (종목 – 도미술찜)

1. 표고버섯의 기둥은 떼고 갓에 3개의 칼집을 균형 있게 넣는다.

2. (칼집 1군데) 별 모양으로 가운데를 중심으로 양쪽에서 파낸다.

3. (칼집 2군데) 첫 번째 칼집을 넣고 버섯을 시계방향으로 살짝 돌려 같은 방법으로 양쪽을 파낸다. (칼집 3군데) 마지막으로 버섯을 시계방향으로 살짝 돌려 같은 방법으로 양쪽을 파내어 완성한다. 3군데 칼집을 넣어 파낸 것이 균형감이 있도록 만든다.

07. 오이 자바라 썰기 (종목 – 해삼초회, 문어 초회)

1. 오이는 소금으로 문질러 씻은 후 가시를 제거한다.
2. 오이를 절반만 잘리게 어슷하게 일정한 간격으로 잔잔하게 칼집을 넣는다.
3. 뒤집어서 반대쪽도 같은 깊이와 간격으로 어슷하게 칼집을 넣는다
4. 오이를 양손에 잡고 늘려 보았을 때 아코디언처럼 잘 벌어지면 칼집이 잘 들어간 것이다.
5. 소금물(또는 오이에 소금 뿌리기)에 절여서 물기를 짠 후 3~4cm 크기로 자른다.
6. 살짝 비틀어서 초회류에 사용한다.

양면을 상, 하 절반 정도로 교차가 되게 넣음

08. 무 국화꽃 모양내기 (종목 – 삼치소금구이)

1. 무를 정사각형으로 썰어 밑에서 0.5cm 가량은 칼집이 들어가지 않도록 가로, 세로 0.1cm 간격으로 칼집을 넣는다.

   끊어지지 않도록 나무젓가락을 놓고 칼집을 넣어도 좋음

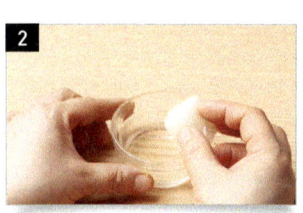

2. 무 초담금(물 2큰술, 식초 2큰술, 설탕 1큰술, 소금 1작은술) 물에 절인다.

3. 레몬 노란껍질은 곱게 다져 준비한다.

4. 절여진 무는 수분을 살며시 짜서 펼쳐 국화꽃 모양을 잡는다.

5. 레몬 껍질을 곱게 다져서 펼쳐 놓은 무 국화꽃 위에 꽃술처럼 올린다.

6. 삼치소금구이에 곁들인다.

09. 삼치 손질하기 (종목 - 삼치소금구이)

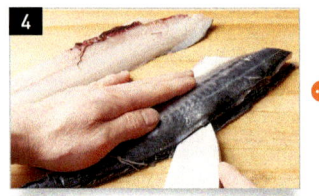

1. 삼치의 아가미(양쪽) 밑으로 대바 칼을 넣어 머리를 자른다.

2. 배를 갈라(내장이 들어 있는 부분까지) 내장을 제거하고 내장이 붙어 있던 부분 뼈쪽의 혈액도 제거한 후 물로 씻어 물기를 제거한다.

3. 생선의 배와 등에 대바칼을 넣어 세장뜨기를 한다.

5. 양쪽 살의 갈비뼈를 제거한다.

6. 손질된 삼치를 길이 10cm 크기로 2조각을 준비하여 껍질 쪽에 X자 칼집을 넣는다.

7. 칼집 넣은 삼치에 앞, 뒤로 소금을 뿌려 10~20분 정도 재운다.

8. 소금 간이 든 삼치는 살짝 씻어서 물기를 제거하고 다시 껍질 쪽에 웃소금을 살짝 뿌려 쇠꼬챙이(구시)를 끼운다.

9. 삼치의 껍질 쪽부터 노릇하게 완전히 구워 생선 살이 부서지지 않도록 쇠꼬챙이를 살짝 돌려주면서 뺀다.

> 힘을 받고 부서지지 않게 하기 위해 모아 지게 끼워 준다.

10. 도미 손질하기 (종목 – 도미조림, 도미술찜, 도미머리맑은국)

1. 대바칼(또는 비늘치기)로 꼬리에서 머리쪽으로 비늘을 친다.
2. 아가미를 따라 칼집을 넣고 아가미 턱 밑에 몸통과 연결된 부분을 끊는다.
3. 배쪽에 칼집(항문까지)을 넣는다.
4. 아가미를 잡고 내장을 한 번에 제거한다.
5. 양쪽 지느러미 밑으로 대바칼을 넣어 도미머리를 자른다. 내장이 있던 부위에 남은 피를 칼로 긁어 내고 물로 씻는다.
6. (도미조림용 손질)
   도미몸통 : 크기에 따라 5~6cm로 1쪽 또는 2쪽으로 토막 낸다.
7. (도미술찜용 손질)
   도미몸통 : 세장뜨기한다.
8. 도미머리(도미조림, 도미술찜, 도미머리 맑은국) 손질 : 세워서 머리를 왼손으로 잡고 윗입술 쪽에서 머리 위쪽으로 자른 후 반으로 쪼개어 2쪽으로 만든다.
9. 손질된 도미에 소금을 뿌려 놓는다.
10. 체에 도미를 얹고 젖은 면보를 꼭 짜서 덮어 따뜻한 물을 끼얹고 수저를 이용하여 머리에 남은 비늘을 긁어낸다.

> 대바 칼로는 머리부분 안쪽을 누르고 왼손으로 내장을 제거하기

> 꼬리 : 1쪽으로 토막 내어 X자로 칼집을 내고 꼬리 끝은 V자로 모양을 내어 소금을 뿌려 놓는다.

> 도미몸통은 세장뜨기한다.

> 머리는 반으로 자른다.

> 젖은 면보를 덮는 것은 따뜻한 물이 도미 속까지 들어가서 데쳐지는 것을 막기 위해서이다.

11. 전복 손질하기 (종목 – 전복구이)

 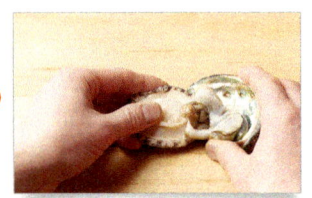

1. 전복은 소금을 얹어 살을 수축시키고 살살 비벼서 끈끈한 점액질과 이물질을 제거한 후 씻는다.

2. 전복의 이빨 쪽에 숟가락을 넣어 패근을 떼어 껍질과 분리한다. 이때 내장이 터지지 않도록 주의한다.

3. 내장을 제거하고 입 부위의 끝을 잘라 내서 이빨을 제거한다.

4. 떼어낸 내장

5. 내장의 모래주머니 부분을 제거한다.

6. 패근에 0.3cm 간격으로 길게 잔 칼집을 넣는다.

7. 칼집의 반대 방향으로 한입 크기로 어슷하게 물결무늬 칼집을 넣어 저며 썰어 준다.

참고 : 전복의 내장이 노란색은 수놈, 청색을 띠는 것은 암놈이다.

12. 달걀말이 (종목 – 달걀말이)

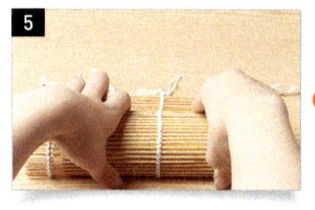 

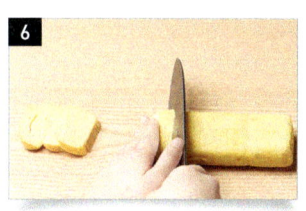

1. 달걀에 식힌 가다랑어 국물(가쓰오다시) 1/2컵, 설탕 1큰술, 맛술 1큰술, 소금 1/2작은술을 넣고 잘 풀어 체에 거른다.

2. 사각 팬을 달궈서 기름을 두르고 여분의 기름은 따라 낸 후 키친타올로 닦는다. 여기에 달걀물을 고르게 붓고 달걀물이 익기 전(익으면 갈라지고 틈새가 생김)에 팬의 끝을 살짝 세워서 안쪽으로 젓가락을 사용하여 말기 시작한다.

3. 다 말리면 살살 눌러 기포를 빠지게 하고 모양을 잡아준 후 다시 끝 쪽으로 밀어놓는다.

4. 손잡이 쪽에서 달걀물을 다시 붓고 달걀물이 달걀말이 밑으로 들어가서 연결되도록 달걀말이를 살짝 들어 넣어주며 연결한다. 다시 말기를 3~4회 반복하여 달걀말이 높이가 2.5cm 정도 되게 말아준다.

5. 완전히 말린 달걀말이를 김발로 옮겨서 말아 사각으로 모양을 잡아 그대로 식힌다.

6. 식은 달걀말이를 높이 2.5cm, 두께 1cm 크기가 되도록 8쪽으로 썬다.

13. 학꽁치 손질하기 (종목 – 생선초밥)

1. 학꽁치는 꼬리에서 머리 쪽으로 비늘을 긁고 머리를 자른다.

2. 배쪽 지느러미를 빼준다. 지느러미를 대바칼로 누르고 몸통을 칼의 반대편으로 밀어내면 쉽게 제거가 된다.

3. 배쪽에 칼집(항문까지)을 넣어 내장과 검은 막을 제거한 후 물로 씻고 물기를 닦는다.

4. 뼈를 중심으로 세장뜨기를 한다.

5. 양쪽의 갈비뼈를 도려낸다.

6. 칼등을 이용하여 살살 밀어 껍질을 벗긴다.

7. 세장뜨기 한 살을 7cm 정도 길이로 잘라 배쪽에 칼집을 넣고 뒤집어 등쪽에도 잔 칼집을 넣는다

14. 새우 손질하기 (종목 – 생선초밥)

삶았을 때 새우가 휘지 않도록 하기 위함이고 등쪽 보다는 배쪽에 꼬치를 끼워야 삶은 후 껍질을 벗겼을 때 새우의 모양이 보기 좋다.

새우가 반으로 갈라지지 않도록 주의한다.

1. 새우 다리쪽 껍질에 꼬치를 끼운다.

2. 끓는 물에 소금을 넣고 새우를 삶는다.

3. 찬물에 식혀서 꼬치를 살짝 돌려주면서 뺀 후 껍질을 제거하고 배부분 꼬리 쪽에서부터 머리쪽으로 칼집을 넣는다.

4. 새우등이 붙은 채로 넓적하게 편다.

15. 참치살 손질하기 (종목 – 생선초밥, 참치 김초밥)

1. 냉동참치는 연한 소금물(바닷물과 같은 염도 3%)에 담가서 반 정도 해동시킨다.

2. 해동이 된 참치는 면보에 싸서 마저 녹인다.

3. 생선초밥용
   참치의 결 반대로(부드럽게 먹을 수 있고, 썬 후에 살이 늘어지지 않음) 초밥용으로 어슷하게 썬다.

4. 참치 김초밥용
   해동시킨 참치는 수분을 제거하고 김길이와 맞춰 사방 1~1.5cm로 썰어 2쪽을 준비한다.

16. 문어 손질하기 (종목 – 문어초회, 생선초밥)

1. 문어는 빨판을 소금으로 문질러 주고 남아 있는 이물질을 훑어서 씻는다.

2. 끓는 물에 간장, 식초, 소금을 약간 넣고 삶아 익으면 건져 식힌다.

3. 식힌 문어는 빨판 옆까지 칼집을 넣어 안쪽의 너덜거리는 껍질을 빨판이 떨어져 나가지 않도록 제거해서 준비한다.

시험장에 나오는 생문어는 약 10분가량 삶아주는데 덜 익으면 물결모양을 내기가 어렵고 너무 익히면 질겨진다.

4. 정리된 문어는 4~5cm 길이로 빨판을 살리면서 파도를 타듯이 칼을 어슷하게 위아래로 잔잔하게 흔들면서 얇게 포를 뜬다.

※ 참고 : 하조기리 : 물결모양썰기 이고
사사나미기리 : 사사나미는 파도물결을,
기리는 썰다를 의미하며
하조기리 보다 더 잔잔하게 썰기를 말한다.

▶ 문어초회 요구사항 : 문어는 삶아 4~5cm길이로
물결모양썰기(하조기리)를 하시오.

17. 생선초밥 만들기 (종목 – 생선초밥)

1. 생선초밥용 생선 준비하기
   광어살은 초밥용으로 떠서 준비한다.

2. 냉동 참치살은 연한 소금물에 반 정도 해동 후 면보에 싸서 마저녹여 초밥용으로 떠서 준비한다.

3. 도미살은 초밥용으로 떠서 준비한다.

4. 삶은 문어는 안쪽 너덜거리는 껍질을 빨판이 떨어지지 않도록 제거하고 물결모양썰기를 한다.

5. 학꽁치는 손질하고 세장뜨기하여 7cm 정도 길이로 잘라 배쪽에 칼집을 넣고 뒤집어 등쪽에도 잔칼집을 넣어준비한다.

6. 새우는 휘지 않도록 배쪽에 꼬치를 끼워 삶아서 껍질을 벗기고 배부분에 칼집을 넣어 새우등이 붙은 채로 넓적하게 편다.

7. 준비한 초밥 재료는 왼쪽, 초밥은 오른쪽, 식초물과 와사비는 앞쪽에 배치하고 오른손 세 번째 손가락 끝으로 식초물을 적신 후 양 손을 부딪혀서 적당량 묻게 한다.

8. 오른손으로 밥을 살살 긁어 모아쥔다.

9. 오른손 검지손가락으로 와사비를 묻히고. 왼손에 초밥 재료를 엄지로 끼듯이 살며시 잡고 생선살의 중앙에 와사비를 바른다.

10. 와사비 바른 생선에 초밥을 놓고 왼손 엄지손가락으로 가볍게 공기가 들어갈 수 있게 밥을 누른다.

11. 왼손 엄지손가락으로 위쪽을 막고 오른손 검지로 모양을 잡는다.

12. 왼손 엄지손가락을 이용하여 초밥을 살짝 돌려 생선이 위로 가게한다.

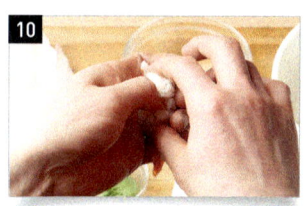

13. 오른손을 이용하여 양옆의 모양을 둥글게 잡아준다.

14. 오른손 검지로 생선을 살짝 눌러 밥에 고정시켜 생선초밥을 완성한다.

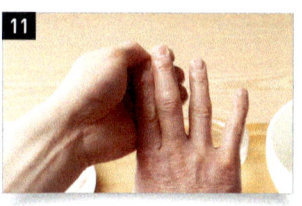

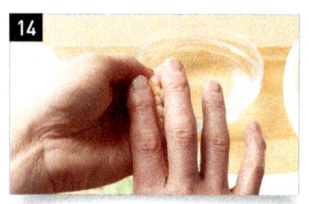

18. 해삼 손질하기 (종목 – 해삼초회)

1. 해삼은 빨판과 하단부를 칼로 잘라 제거한다.

2. 배부분을 반으로 가른다.

3. 내장과 힘줄(스지), 모래 등을 제거한다.

4. 배쪽에 소금을 넣어 문질러 씻는다.

5. 어슷하게 먹기 좋은 크기로 자른다.

등쪽이 갈라지지 않도록 주의한다.

19. 갑오징어 손질하기 (종목 – 갑오징어 명란무침)

1. 갑오징어 등쪽에 칼집을 넣어 등쪽의 뼈를 제거하고 내장과 몸통을 분리한 후 껍질을 머리에서 다리 쪽으로 벗기고 갑오징어 귀를 제거한다.

2. 갑오징어의 한쪽에 칼집을 넣어 얇은 속껍질을 벗긴다.

3. 살이 두꺼우므로 0.2~0.3cm 두께로 포를 떠서 사용한다.

4. 포뜬 살을 가늘게 채 썬다.

20. 레몬 오리발 만들기 (종목 – 도미머리 맑은국, 달걀찜)

1. 레몬을 왼쪽으로 살짝 기울여 잡고 칼을 45도 사선으로 레몬이 얇게 떠지도록 넣는다.

2. 첫 번째 오리발이 만들어지도록 넣었던 칼을 살짝 들면서 파낸 다음 이어 레몬을 세워서 잡고 두 번째 오리발이 만들어 지도록 칼을 45도 사선으로 넣었다가 살짝 들면서 파낸다.

3. 세 번째 오리발도 같은 방법으로 진행한다.

4. 완성된 오리발

21. 생강채(하리쇼가) 만들기 (종목 - 도미조림, 소고기 간장구이)

1. 생강은 최대한 얇고 넓게 편 썰기 하여 채 썬다.

2. 채 썬 생강은 물에 잠시 담가 손으로 조물조물 문질러 매운맛과 전분기를 뺀다.

3. 생강채를 들어 왼손바닥에 대고 물기를 짜면서 세워서 모양을 낸다.

4. 세워서 곁들인다.

22. 초생강 만들기 (종목 - 생선초밥, 참치김초밥, 김초밥)

1. 생강은 최대한 얇고 넓게 편 썰기하여 살짝 데쳐 매운맛을 뺀다.

2. 데친생강은 초생강 담금초(식초 1큰술, 설탕 1작은술, 물 1/2큰술, 소금 1/4작은술)에 담근다.

3. 맛이 든 생강은 건져서 물기를 짜고 안쪽에 들어갈 것은 4~5장 손으로 겹겹이 돌돌만다.

4. 나머지 생강은 도마에 겹치게 펴놓고 4번 생강과 같이 말아준다.

5. 생강의 위쪽 끝을 약간 펴서 완성한다.

23. 빨간무즙(아까오로시) 만들기 (종목 – 해삼초회, 도미술찜)

1. 무는 고운 강판에 간다.

2. 간 무는 체에 옮겨 물에 조물조물 씻어 매운맛을 뺀다.

3. 고춧가루를 체에 쳐서 곱게 준비한다.

4. 무즙에 고운 고춧가루를 넣고 단풍색의 물을 들여준다.

5. 손으로 모양을 잡아준다.

6. 빨간무즙 완성

NCS능력단위 **무침조리**

01 갑오징어 명란무침

(いかのさくらあえ : 이까노사쿠라아에)

 시험시간 **20분**

얇게 채 썬 갑오징어와 명란젓의 알을 무쳐놓은 것이 벚꽃이 핀 모양과 같다고 하여 붙여진 이름으로 이까는 오징어를 사쿠라는 벚꽃을 아에는 무침을 뜻한다. 전채요리나 술안주로 많이 이용된다. 갑오징어와 명란젓 알의 비율을 잘 맞추어야 색이 곱고 맛이 좋아진다.

감독관의 중점 체크 포인트

- 갑오징어 채 썬 상태 체크
- 갑오징어 데쳐놓은 상태 체크(50℃ 정도에서 익지 않게)
- 명란젓 손질하는 자세 체크
- 버무려놓은 상태 체크

용어설명

- 이까(いか) : 오징어
- 사꾸라(さくら) : 벚꽃
- 고우이까(こういか) : 갑오징어

요구사항

※ **주어진 재료를 사용하여 다음과 같이 갑오징어 명란무침을 만드시오.**

가. 명란젓은 껍질을 제거하고 알만 사용하시오.
나. 갑오징어는 속껍질을 제거하여 사용하시오.
다. 갑오징어를 소금물에 데쳐 0.3cm×0.3cm×5cm 크기로 썰어 사용하시오.

수험자 유의사항

1 만드는 순서에 유의하며, 위생과 숙련된 기능평가를 위하여 조리작업 시 맛을 보지 않습니다.
2 지정된 수험자 지참 준비물 이외의 조리기구나 재료를 시험장 내에 지참할 수 없습니다.
3 지급재료는 시험 전 확인하여 이상이 있을 경우 시험위원으로부터 조치를 받고 시험 중에는 재료의 교환 및 추가지급은 하지 않습니다.
4 요구사항 및 지급재료의 규격은 "정도"의 의미를 포함하며, 재료의 크기에 따라 가감하여 채점합니다.
5 위생복, 위생모, 앞치마, 마스크를 착용하여야 하며, 시험장비·조리도구 취급 등 안전에 유의합니다.
6 다음 사항은 실격에 해당하여 채점대상에서 제외됩니다.
  가) 수험자 본인이 시험 도중 시험에 대한 포기 의사를 표현하는 경우
  나) 위생복, 위생모, 앞치마, 마스크를 착용하지 않은 경우
  다) 시험시간 내에 과제 두 가지를 제출하지 못한 경우
  라) 문제의 요구사항대로 과제의 수량이 만들어지지 않은 경우
  마) 완성품을 요구사항의 과제(요리)가 아닌 다른 요리(예, 달걀말이 → 달걀찜)로 만든 경우
  바) 불을 사용하여 만든 조리작품이 작품 특성에 벗어나는 정도로 타거나 익지 않은 경우
  사) 해당과제의 지급재료 이외 재료를 사용하거나, 요구사항의 조리기구(석쇠 등)로 완성품을 조리하지 않은 경우
  아) 지정된 수험자지참물 이외의 조리기술에 영향을 줄 수 있는 기구를 사용한 경우
  자) 가스레인지 화구 2개 이상(2개 포함) 사용한 경우
  차) 시험 중 시설·장비(칼, 가스레인지 등) 사용 시 시험위원 및 타 수험자의 시험 진행에 위해를 일으킬 것으로 시험위원 전원이 합의하여 판단한 경우
  카) 요구사항에 표시된 실격 및 부정행위에 해당하는 경우
7 항목별 배점은 위생상태 및 안전관리 5점, 조리기술 30점, 작품의 평가 15점입니다.
8 시험시작 전 가벼운 몸 풀기(스트레칭) 동작으로 긴장을 풀고 시험을 시작합니다.

지급재료목록

갑오징어몸살 70g, **명란젓** 40g, **무순** 10g, **소금**(정제염) 10g, **청차조기잎**(시소)(깻잎으로 대체가능) 1장

짝을 지어 잘 나오는 문제 묶어서 공부해 보세요.

도미머리 맑은국 52p, 달걀찜 108p, 도미술찜 104p, 달걀말이 100p

조리과정

01 채소 찬물에 담그기
- 깻잎(또는 시소)과 무순은 찬물에 담가 싱싱해지도록 한 후 면보로 물기를 제거한다.

02 갑오징어 앞, 뒤 껍질 벗기고 소금물에 데치기
- 갑오징어는 흐르는 물에 살짝 씻어 물기를 제거하고 앞, 뒤의 껍질을 깨끗하게 벗긴다.
- 냄비에 물과 소금약간을 넣고 50℃ 정도가 되면 불을 끄고 손질한 갑오징어를 넣어 익지 않게 살짝 데쳐 물기를 제거한다.

> - 겉껍질은 손으로 당겨서 벗기고, 내장 쪽 껍질은 갑오징어 겉껍질 끝 쪽에서 칼집을 넣어 벗긴다.
> - 물의 온도가 높으면 갑오징어가 오그라들면서 익으므로 주의하기

03 갑오징어 포 뜨기
- 소금물에 살짝 데친 껍질 벗긴 갑오징어를 두께 0.3cm로 일정하게 포를 뜬다.

04 갑오징어 채 썰기
- 포 뜬 갑오징어를 0.3cm 굵기로 가지런하고 일정하게 채 썬다.

> 겹치지 말고 한 장씩 썰어야 얇게 채 썰어진다.

시험장에서의 **조리작업 순서**

깻잎(또는 시소), 무순 찬물에 담그기 ➡ 갑오징어 껍질 벗기고 소금물에 데치기 ➡ 갑오징어 포 뜨기 ➡ 갑오징어 채 썰기 ➡ 명란알 긁어내기 ➡ 채썬 갑오징어와 명란알 버무리기 ➡ 담기(깻잎 또는 시소를 깔고, 무침을 담은 후 무순으로 장식)

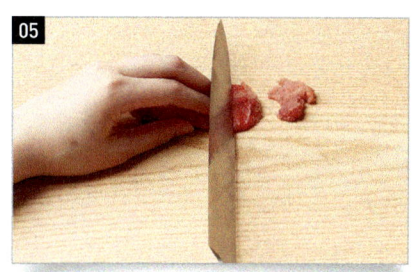

05 명란 알 긁어내기

- 명란젓은 겉면의 고춧가루 양념을 걷어내고 알만 긁어낸다.

> 명란젓의 양 끝을 잘라낸 후 반으로 갈라 칼등으로 조금씩 밀어 알이 깨지거나 뭉치지 않게 긁어냄

06 준비된 재료 버무리기

- 채썬 갑오징어와 명란알을 그릇에 담고 나무젓가락으로 원을 그려가며 뭉치지 않게 가볍게 무친다.

07 완성품 담기

- 물기 제거한 깻잎을 보기 좋게 잘라 접시에 깔고 을 뭉치지 않도록 담은 후 무순의 물기를 털어내고 곁들여낸다.

> 무순을 거꾸로 세워 상단부의 높이를 맞추고 하단부를 가지런히 잘라 사용함

참고 사항

1. 갑오징어
- 갑오징어 무침에는 몸살만 사용한다.
- 갑오징어 데칠 소금을 넣은 물은 50℃ 정도가 되면 불을 끄고 손질한 갑오징어를 넣어 익지 않게 데친다.
- 갑오징어 포를 얇게 떠서 채를 썰어야 명란알과 잘 버무려진다.
- 물의 온도가 높으면 바싹 오그라들므로 온도에 주의한다.

2. 명란젓
- 명란젓 겉면의 양념이 들어가면 강한 맛과 색을 내기 때문에 주의한다.

3. 버무리기
- 갑오징어와 명란알은 3:1 정도의 비율로 버무린다.
- 나무젓가락을 이용하여 뭉치지 않도록 고루 버무린다.

4. 담기
- 뭉쳐지게 담지 말고 부슬부슬하게 담는다.

NCS능력단위 **국물조리**

도미머리 맑은국

(たいのすいもの : 다이노스이모노)

 시험시간 **30분**

맑은국은 일본요리 정찬에서 처음 부분에 내는 요리로 맛과 간이 세지 않으면서 담백하고 맑으며 투명하다. 도미의 머리 부분을 사용하여 만드는 도미머리 맑은국은 신선한 도미와 대파채, 레몬조각으로 은은한 향을 주어 식욕을 돋우어 준다.

감독관의 중점 체크 포인트

- 도미머리 손질 상태(도미머리를 반으로 갈라 사용하며, 도미몸통(살)을 사용할 경우 오작 처리됨)
- 맑은국 깨끗하게 끓이기
- 곁들일 채소 만들기

용어설명

- 다이(たい) : 도미
- 시라가(しらが) : 백발
- 시라가네기(しらがねぎ) : 백발대파라고 표현하며 대파 흰 부분을 가늘게(머리카락처럼) 채를 썬 것
- 스이모노(すいもの) : 맑은국
- 네기(ねぎ) : 파

요구사항

※ **주어진 재료를 사용하여 도미머리 맑은국을 만드시오.**

가. 도미머리 부분을 반으로 갈라 50~60g 크기로 사용하시오.
　　(단, 도미는 머리만 사용하여야 하고, 도미 몸통(살) 사용 할 경우 실격 처리됩니다.)
나. 소금을 뿌려 놓았다가 끓는 물에 데쳐 손질하시오.
다. 다시마와 도미머리를 넣어 은근하게 국물을 만들어 간 하시오.
라. 대파의 흰부분은 가늘게 채(시라가네기) 썰어 사용하시오.
마. 간을 하여 각 곁들일 재료를 넣어 국물을 부어 완성하시오.

수험자 유의사항

1. 만드는 순서에 유의하며, 위생과 숙련된 기능평가를 위하여 조리작업 시 맛을 보지 않습니다.
2. 지정된 수험자 지참 준비물 이외의 조리기구나 재료를 시험장 내에 지참할 수 없습니다.
3. 지급재료는 시험 전 확인하여 이상이 있을 경우 시험위원으로부터 조치를 받고 시험 중에는 재료의 교환 및 추가지급은 하지 않습니다.
4. 요구사항 및 지급재료의 규격은 "정도"의 의미를 포함하며, 재료의 크기에 따라 가감하여 채점합니다.
5. 위생복, 위생모, 앞치마, 마스크를 착용하여야 하며, 시험장비·조리도구 취급 등 안전에 유의합니다.
6. 다음 사항은 실격에 해당하여 채점대상에서 제외됩니다.
   가) 수험자 본인이 시험 도중 시험에 대한 포기 의사를 표현하는 경우
   나) 위생복, 위생모, 앞치마, 마스크를 착용하지 않은 경우
   다) 시험시간 내에 과제 두 가지를 제출하지 못한 경우
   라) 문제의 요구사항대로 과제의 수량이 만들어지지 않은 경우
   마) 완성품을 요구사항의 과제(요리)가 아닌 다른 요리(예, 달걀말이 → 달걀찜)로 만든 경우
   바) 불을 사용하여 만든 조리작품이 작품 특성에 벗어나는 정도로 타거나 익지 않은 경우
   사) 해당과제의 지급재료 이외 재료를 사용하거나, 요구사항의 조리기구(석쇠 등)로 완성품을 조리하지 않은 경우
   아) 지정된 수험자지참물 이외의 조리기술에 영향을 줄 수 있는 기구를 사용한 경우
   자) 가스레인지 화구 2개 이상(2개 포함) 사용한 경우
   차) 시험 중 시설·장비(칼, 가스레인지 등) 사용 시 시험위원 및 타 수험자의 시험 진행에 위해를 일으킬 것으로 시험위원 전원이 합의하여 판단한 경우
   카) 요구사항에 표시된 실격 및 부정행위에 해당하는 경우
7. 항목별 배점은 위생상태 및 안전관리 5점, 조리기술 30점, 작품의 평가 15점입니다.
8. 시험시작 전 가벼운 몸 풀기(스트레칭) 동작으로 긴장을 풀고 시험을 시작합니다.

지급재료목록

도미(200~250g) 1마리 (도미 과제 중복 시 두 가지 과제에 도미 1마리 지급), **대파**(흰부분 10cm) 1토막, **죽순** 30g, **건다시마**(5×10cm) 1장, **소금**(정제염) 20g, **국간장**(진간장으로 대체 가능) 5ml, **레몬** 1/4개, **청주** 5ml

짝을 지어 잘 나오는 문제 묶어서 공부해 보세요.

갑오징어 명란무침 48p, 도미술찜 104p, 도미조림 64p

조리과정

01 도미 손질하기
- 도미는 비늘을 긁고 지느러미를 제거한 후 배쪽에 칼집을 적당히 넣어 내장을 제거하고 아가미를 벌려 칼로 아가미를 떼어 낸 후 물로 씻고 지느러미 밑으로 칼을 넣어 머리를 자른다.

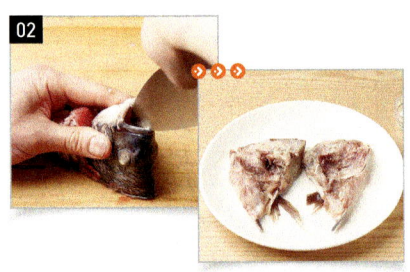

02 도미머리 반으로 가르기
- 도미머리를 세워 머리를 왼손으로 잡고 윗 입술 쪽에서 머리 위쪽으로 자른 후 반으로 쪼개어 소금을 뿌려 놓는다.

03 도미머리 데치기
- 체에 도미머리를 얹고 젖은 면보를 꼭 짜서 덮고 따뜻한 물을 끼얹어 비늘과 이물질 등을 깨끗하게 제거한다.

04 죽순, 대파 채 준비
- 죽순은 석회질을 제거하고 끓는 물에 데쳐 빗살을 살려서 썬 후 소금을 살짝 뿌려 약간 간하여 둔다.
- 대파는 심을 제거하고 곱게 채(시라가네기) 썰어 찬물에 담갔다가 비벼 씻어 면보에 수분을 제거한다.

시험장에서의 **조리작업 순서**

도미 손질하기 ➡ 도미머리 반으로 갈라 소금 뿌리기 ➡ 죽순 빗살모양, 대파 채, 레몬 오리발 준비 ➡ 도미머리 데쳐 이물질 제거하기 ➡ 도미와 다시마 찬물에 약 불로 끓이기 ➡ 다시마 건져내고 죽순 넣기 ➡ 국간장, 소금, 청주로 색과 간 맞추기 ➡ 도미, 죽순 건져 그릇에 담기 ➡ 국물 붓기 ➡ 대파채와 레몬 오리발 띄우기

05 레몬 오리발 만들기
- 레몬은 껍질을 얇게 떠서 오리발 모양을 만든다.

06 도미머리 맑은국 끓이기
- 냄비에 2~3컵의 물과 다시마와 손질된 도미를 넣고 약불에서 끓여 끓기 시작하면 다시마는 건져내고 죽순을 넣고 국간장으로 엷은 색을 내고 소금과 청주로 간을 한다.

> 떠오르는 거품을 잘 제거해야 국물이 맑게 나온다.

07 도미머리 맑은국 담기
- 그릇에 도미머리와 죽순을 담고 국물을 8부 정도 붓는다.

08 완성품 담기
- 대파채와 오리발을 올려 완성한다.

참고 사항

1. 도미 손질
- 도미 1마리 지급 시 머리만 사용하여야 하고 몸통을 사용하면 오작 처리되므로 몸통은 따로 담아둔다.
- 손질한 도미머리에 소금을 뿌려두는 것은 살을 단단하게 하고 비린내를 제거하기 위해서이다.
- 데친 도미머리는 찬물에 담가 이물질과 남은 비늘을 제거하고 바로 건져 살이 물러지지 않도록 한다.

2. 다시마
- 젖은 면보로 양면을 닦아내고 사용하며 강한 불에서 오래 끓이면 맛도 나빠지며 색이 우러나오므로 약한 불에서 잠시 끓여 사용한다.

3. 죽순
- 빗살무늬 사이에 하얗게 끼여 있는 석회는 제거하고 아린 맛 제거를 위해 데쳐서 사용한다.

4. 끓이기
- 오래 끓이면 국물이 탁해지므로 은근한 화력으로 끓여 국물이 맑게 나오게 하며 약불에서 10분 정도 끓여 마무리한다.

NCS능력단위 **국물조리**

03 대합 맑은국

(はまぐりすいもの : 하마구리스이모노)

 시험시간 **20분**

하마구리는 대합을, 스이모노는 식사 때 내는 맑은국을 말한다. 조개 맑은국은 싱싱한 조개를 사용하여 은은한 불에서 단시간에 맑게 끓여내는 국물 요리로 담백한 맛이 일품이다. 해감을 충분히 시켜 최상의 맑은국을 얻어 낼 수 있도록 한다.

감독관의 중점 체크 포인트

- 조개 상태 확인 및 해감하는 모습 체크
- 조개 손질(조개는 눈을 떼지 말 것 – 눈을 떼지 않아야 입을 벌려서 국물 맛이 우러난다) 체크
- 국물이 맑은 상태 체크(약불로 끓으며, 조개 끓인 국물이 탁하면 면보에 한번 걸러서 사용한다)
- 조개의 익은 상태(오래 끓이면 살이 오그라들고 질겨지므로 익을 정도로만 끓인다)
- 국물을 따뜻하게 제출했는지 체크

용어설명

- 하마구리(はまぐり) : 대합
- 스이모노(すいもの) : 맑은국

요구사항

※ 주어진 재료를 사용하여 대합 맑은국을 만드시오.

가. 조개 상태를 확인한 후 해감하여 사용하시오.
나. 다시마와 백합조개를 넣어 끓으면 다시마를 건져내시오.

수험자 유의사항

1. 만드는 순서에 유의하며, 위생과 숙련된 기능평가를 위하여 조리작업 시 맛을 보지 않습니다.
2. 지정된 수험자 지참 준비물 이외의 조리기구나 재료를 시험장 내에 지참할 수 없습니다.
3. 지급재료는 시험 전 확인하여 이상이 있을 경우 시험위원으로부터 조치를 받고 시험 중에는 재료의 교환 및 추가지급은 하지 않습니다.
4. 요구사항 및 지급재료의 규격은 "정도"의 의미를 포함하며, 재료의 크기에 따라 가감하여 채점합니다.
5. 위생복, 위생모, 앞치마, 마스크를 착용하여야 하며, 시험장비·조리도구 취급 등 안전에 유의합니다.
6. 다음 사항은 실격에 해당하여 채점대상에서 제외됩니다.
   가) 수험자 본인이 시험 도중 시험에 대한 포기 의사를 표현하는 경우
   나) 위생복, 위생모, 앞치마, 마스크를 착용하지 않은 경우
   다) 시험시간 내에 과제 두 가지를 제출하지 못한 경우
   라) 문제의 요구사항대로 과제의 수량이 만들어지지 않은 경우
   마) 완성품을 요구사항의 과제(요리)가 아닌 다른 요리(예, 달걀말이 → 달걀찜)로 만든 경우
   바) 불을 사용하여 만든 조리작품이 작품 특성에 벗어나는 정도로 타거나 익지 않은 경우
   사) 해당과제의 지급재료 이외 재료를 사용하거나, 요구사항의 조리기구(석쇠 등)로 완성품을 조리하지 않은 경우
   아) 지정된 수험자지참물 이외의 조리기술에 영향을 줄 수 있는 기구를 사용한 경우
   자) 가스레인지 화구 2개 이상(2개 포함) 사용한 경우
   차) 시험 중 시설·장비(칼, 가스레인지 등) 사용 시 시험위원 및 타 수험자의 시험 진행에 위해를 일으킬 것으로 시험위원 전원이 합의하여 판단한 경우
   카) 요구사항에 표시된 실격 및 부정행위에 해당하는 경우
7. 항목별 배점은 위생상태 및 안전관리 5점, 조리기술 30점, 작품의 평가 15점입니다.
8. 시험시작 전 가벼운 몸 풀기(스트레칭) 동작으로 긴장을 풀고 시험을 시작합니다.

지급재료목록

백합조개(개당40g, 5cm 내외) 2개, **쑥갓** 10g, **레몬** 1/4개, **청주** 5ml, **소금**(정제염) 10g, **국간장**(진간장 대체 가능) 5ml, **건다시마**(5×10cm) 1장

 짝을 지어 잘 나오는 문제 묶어서 공부해 보세요.

김초밥 120p, 우동볶음(야키우동) 80p, 삼치소금구이 88p

조리과정

01 조개 상태 확인
- 백합 조개 2개를 서로 마주쳐 두들겨보아 맑은소리가 나는지 선도를 확인한다.

02 조개 해감시키기
- 조개는 소금물에 해감한다.
- 해감 : 바닷물 염도의 소금물(물 2컵, 소금 1작은술)에 조개가 충분히 잠기도록 담가 해감시켜 모래를 토하게 한다.

03 쑥갓, 레몬 오리발 모양 준비
- 쑥갓은 연한 속잎을 골라서 찬물에 담가 놓는다.
- 레몬은 오리발 모양을 만든다.

04 다시마 준비
- 다시마는 젖은 면보로 앞, 뒤를 닦고 국물이 잘 우러나도록 칼집을 넣어 준비한다.

시험장에서의 조리작업 순서

조개 상태 확인하기 ➡ 소금물에 조개 해감시키기 ➡ 쑥갓 찬물에 담그기 ➡ 레몬 오리발 모양 만들기 ➡ 다시마 준비 ➡ 대합과 다시마 찬물에 끓이기 ➡ 다시마 건져내기 ➡ 대합 건져서 손질하여 담기 ➡ 국물 간하여 담기 ➡ 쑥갓과 오리발 띄우기

05 맑은국 끓이기

- 냄비에 찬물 2컵을 넣고 조개와 다시마를 넣어 약불에서 끓여 끓기 시작하면 다시마는 건져내고 조개의 입이 벌어지면 조개도 건져낸다(떠오르는 거품을 잘 제거해야 국물이 맑게 나온다). 국물은 걸러 국간장으로 엷은 색을 내고 소금과 청주로 간을 하여 살짝 끓여 놓는다.

06 조갯살 정리하기

- 건져낸 조개는 접시로 옮겨 한쪽 껍질을 떼어 제거하고 조갯살이 붙어 있는 껍질에 수저를 넣어 조갯살을 분리하고 다시 껍질에 담아 국그릇에 담는다.

07 국 국물 붓기

- 조개가 담긴 국그릇에 따뜻한 국물을 8부 정도 붓는다.

> 조개를 건져낸 국물이 맑지 않으면 면보에 걸러서 살짝 끓여 사용한다.

08 완성품 담기

- 제출 직전에 쑥갓과 오리발을 띄워낸다.

1. 조개
- 조개를 서로 부딪혀 보아 차돌 소리가 나면 싱싱한 것이며, 모래를 완전히 해감 시킨 후 조리한다.
- 대합 맑은국을 끓일 때는 대합의 눈을 떼지 않아야 쉽게 입을 벌린다.
- 조개를 끓일 때 충분히 물에 잠기지 않거나 조리 도중 흔들며 충격을 가하면 익어도 입이 벌어지지 않는 경우가 있다.
- 조개가 질겨지지 않도록 오래 끓이지 말고 익을 정도로만 끓인다.

2. 대합을 끓인 국물이 맑지 않으면 면보에 걸러서 사용한다.

NCS능력단위 **국물조리**

04 된장국
(みそしる : 미소시루)

 시험시간 **20분**

일본 된장을 색으로 구분하면 흰 된장(시로미소)과 붉은 된장(아까미소)으로 구분할 수 있으며 가쓰오부시와 다시마의 풍미와 더해져 된장국의 맛과 향이 달라진다. 아침에 주로 먹는 된장국은 냄새가 없고 맛이 담백한 두부나 미역 등을 주로 사용한다.

감독관의 중점 체크 포인트

- 가다랑어 국물(가쓰오다시) 뽑는 방법 체크
- 두부와 미역의 크기와 처리 방법 체크
- 일본 된장 풀어서 끓이는 정도 체크(된장국은 팔팔 끓이지 않고 한소끔 끓으면 불을 끈다)
- 온도가 식지 않도록 제출하기

용어설명

- 미소(みそ) : 된장
- 시루(しる) : 국

요구사항

※ 주어진 재료를 사용하여 된장국을 만드시오.

가. 다시마와 가다랑어포(가쓰오부시)로 가다랑어 국물(가쓰오다시)을 만드시오.
나. 1cm x 1cm x 1cm로 썬 두부와 미역은 데쳐 사용하시오.
다. 된장을 풀어 한소끔 끓여내시오.

수험자 유의사항

1. 만드는 순서에 유의하며, 위생과 숙련된 기능평가를 위하여 조리작업 시 맛을 보지 않습니다.
2. 지정된 수험자 지참 준비물 이외의 조리기구나 재료를 시험장 내에 지참할 수 없습니다.
3. 지급재료는 시험 전 확인하여 이상이 있을 경우 시험위원으로부터 조치를 받고 시험 중에는 재료의 교환 및 추가지급은 하지 않습니다.
4. 요구사항 및 지급재료의 규격은 "정도"의 의미를 포함하며, 재료의 크기에 따라 가감하여 채점합니다.
5. 위생복, 위생모, 앞치마, 마스크를 착용하여야 하며, 시험장비·조리도구 취급 등 안전에 유의합니다.
6. 다음 사항은 실격에 해당하여 채점대상에서 제외됩니다.
    가) 수험자 본인이 시험 도중 시험에 대한 포기 의사를 표현하는 경우
    나) 위생복, 위생모, 앞치마, 마스크를 착용하지 않은 경우
    다) 시험시간 내에 과제 두 가지를 제출하지 못한 경우
    라) 문제의 요구사항대로 과제의 수량이 만들어지지 않은 경우
    마) 완성품을 요구사항의 과제(요리)가 아닌 다른 요리(예, 달걀말이 → 달걀찜)로 만든 경우
    바) 불을 사용하여 만든 조리작품이 작품 특성에 벗어나는 정도로 타거나 익지 않은 경우
    사) 해당과제의 지급재료 이외 재료를 사용하거나, 요구사항의 조리기구(석쇠 등)로 완성품을 조리하지 않은 경우
    아) 지정된 수험자지참물 이외의 조리기술에 영향을 줄 수 있는 기구를 사용한 경우
    자) 가스레인지 화구 2개 이상(2개 포함) 사용한 경우
    차) 시험 중 시설·장비(칼, 가스레인지 등) 사용 시 시험위원 및 타 수험자의 시험 진행에 위해를 일으킬 것으로 시험위원 전원이 합의하여 판단한 경우
    카) 요구사항에 표시된 실격 및 부정행위에 해당하는 경우
7. 항목별 배점은 위생상태 및 안전관리 5점, 조리기술 30점, 작품의 평가 15점입니다.
8. 시험시작 전 가벼운 몸 풀기(스트레칭) 동작으로 긴장을 풀고 시험을 시작합니다.

지급재료목록

일본된장 40g, **건다시마**(5×10cm) 1장, **판두부** 20g, **실파**(1뿌리) 20g, **산초가루** 1g, **가다랑어포**(가쓰오부시) 5g, **건미역** 5g, **청주** 20ml

 짝을 지어 잘 나오는 문제 묶어서 공부해 보세요.

도미조림 64p, 달걀찜 108p, 소고기덮밥 76p, 우동볶음(야키우동) 80p

조리과정

01 다시마 끓이기

- 다시마는 젖은 면보로 앞, 뒤를 닦고 국물이 잘 우러나도록 칼집을 넣어 냄비에 찬물 2컵을 넣고 서서히 약불에서 끓인다.

02 가다랑어 국물(가쓰오다시) 만들기

- 물이 끓어오르면 불을 끄고 다시마를 건진 후 가다랑어포(가쓰오부시)를 넣어 2~5분 정도 후에 면보에 거른다.

03 미역 썰기

- 건미역은 물에 불려서 끓는 물에 살짝 데친 후 찬물에 헹궈서 물기를 짜고 1cm x 1cm 정도로 썬다(줄기 부분은 제거하고 사용).

04 두부썰어 데치기

- 두부는 1cm×1cm×1cm로 썰어 끓는 물에 데쳐 준비한다.

> 작게 썬 두부가 으스러지지 않도록 불 온도를 너무 높게 잡지 않는다.

- 국그릇에 준비한 미역과 두부를 담아 놓는다.

시험장에서의 조리작업 순서

가다랑어 국물(가쓰오다시) 만들기 ➡ 미역 불리기 ➡ 두부 썰어 데치기 ➡ 미역 데쳐서 썰기 ➡ 실파 송송 썰어 찬물에 담갔다가 물기 제거하기 ➡ 된장국 끓이기 ➡ 담기 ➡ 실파와 산초가루 뿌려내기

05 실파 송송 썰기

- 실파는 송송 썰어 찬물에 헹궈 진을 씻어내고 체에 밭쳐 물기를 뺀 후 면보로 옮겨 물기를 제거한다.

06 된장국 끓이기

- 냄비에 뽑아놓은 가다랑어 국물(가쯔오다시) 1.5~2컵을 붓고 일본 된장 1큰술을 체에 밭쳐 곱게 풀어 은근하게 끓인다. 된장국이 끓어 오르면 청주를 넣고 불을 끈다.

07 국그릇에 된장국 붓기

- 두부와 미역을 담아둔 그릇에 06의 된장국을 8부 정도 부어준다.

08 완성품 담기

- 완성된 된장국에 송송 썬 실파와 산초가루를 뿌려낸다.

참고 사항

1. 다시마
- 젖은 면보로 양면을 닦아내고 사용하며 강한 불에서 오래 끓이면 맛도 나빠지며 색이 우러나오므로 약한 불에서 잠시 끓여 사용한다.

2. 가다랑어포(가쯔오부시)
- 가쯔오부시는 끓이기보다는 뜨거운 물에 넣어 맛을 우려내므로 불을 끄고 넣은 후 2~5분 후에 걸러 사용한다.
3. 건미역은 시험장에서 미지근한 물에 불린 후 끓는 물에 살짝 데쳐 찬물에 완전히 식혀서 사용한다.
4. 된장국에 소금은 사용하지 말고 간이 싱거우면 된장을 더 풀고 간이 세면 가다랑어국물(가쯔오다시)을 더 넣어 간을 맞춰 사용한다.
5. 산초가루는 후춧가루와 비슷하게 생겼으며 강한 박하향이 나는 향신료의 일종으로 비린 맛 제거나 음식의 맛을 돋울 때 사용한다.

NCS능력단위 **조림조리**

05 도미조림

(たいのあらたき : 다이노아라타끼)

 시험시간 **30분**

도미조림은 도미의 담백함과 곁들이는 채소들의 산뜻한 맛, 다시마 다시의 향이 어우러진 일본 조림요리의 대표적인 음식이라 할 수 있다.

감독관의 중점 체크 포인트

- 도미 손질하기 체크(비늘제거, 내장제거, 아가미제거 및 등분내기 등)
- 채소 손질(우엉 썰어서 물에 담그기. 생강채 썰어서 물에 담그기)
- 도미 데치기(남은 비늘과 불순물 제거)
- 도미조림의 윤기(오토시부타〈요리하는 냄비보다 직경이 작은뚜껑〉 – 조림용 뚜껑〈호일을 이용하여 만들기〉) 체크

용어설명

- 아라타끼(あらたき) : 생선의 머리를 조각내어 우엉, 꽈리고추 등의 채소를 넣고 조리는 조리법
- 하리쇼가(はりしょが) : 하리=바늘, 쇼가=생강, 바늘처럼 가늘게 썬 생강을 냉수에 헹궈 낸 것
- 오토시부타(おとしぶた) : 냄비나 용기속에 쏙 들어가게 만든 작은 뚜껑.

요구사항

※ **주어진 재료를 사용하여 다음과 같이 도미조림을 만드시오.**

가. 손질한 도미를 5~6cm로 자르고 머리는 반으로 갈라 소금을 뿌리시오.
나. 머리와 꼬리는 데친 후 불순물을 제거하시오.
다. 도미를 냄비에 앉혀 양념하고 오토시부타(냄비안에 들어가는 뚜껑이나 호일)를 덮으시오.
라. 완성 후 접시에 담고 생강채(하리쇼가)와 채소를 앞쪽에 담아내시오.

수험자 유의사항

1 만드는 순서에 유의하며, 위생과 숙련된 기능평가를 위하여 조리작업 시 맛을 보지 않습니다.
2 지정된 수험자 지참 준비물 이외의 조리기구나 재료를 시험장 내에 지참할 수 없습니다.
3 지급재료는 시험 전 확인하여 이상이 있을 경우 시험위원으로부터 조치를 받고 시험 중에는 재료의 교환 및 추가지급은 하지 않습니다.
4 요구사항 및 지급재료의 규격은 "정도"의 의미를 포함하며, 재료의 크기에 따라 가감하여 채점합니다.
5 위생복, 위생모, 앞치마, 마스크를 착용하여야 하며, 시험장비·조리도구 취급 등 안전에 유의합니다.
6 다음 사항은 실격에 해당하여 **채점대상에서 제외**됩니다.
   가) 수험자 본인이 시험 도중 시험에 대한 포기 의사를 표현하는 경우
   나) 위생복, 위생모, 앞치마, 마스크를 착용하지 않은 경우
   다) 시험시간 내에 과제 두 가지를 제출하지 못한 경우
   라) 문제의 요구사항대로 과제의 수량이 만들어지지 않은 경우
   마) 완성품을 요구사항의 과제(요리)가 아닌 다른 요리(예, 달걀말이 → 달걀찜)로 만든 경우
   바) 불을 사용하여 만든 조리작품이 작품 특성에 벗어나는 정도로 타거나 익지 않은 경우
   사) 해당과제의 지급재료 이외 재료를 사용하거나, 요구사항의 조리기구(석쇠 등)로 완성품을 조리하지 않은 경우
   아) 지정된 수험자지참물 이외의 조리기술에 영향을 줄 수 있는 기구를 사용한 경우
   자) 가스레인지 화구 2개 이상(2개 포함) 사용한 경우
   차) 시험 중 시설·장비(칼, 가스레인지 등) 사용 시 시험위원 및 타 수험자의 시험 진행에 위해를 일으킬 것으로 시험위원 전원이 합의하여 판단한 경우
   카) 요구사항에 표시된 실격 및 부정행위에 해당하는 경우
7 항목별 배점은 위생상태 및 안전관리 5점, 조리기술 30점, 작품의 평가 15점입니다.
8 시험시작 전 가벼운 몸 풀기(스트레칭) 동작으로 긴장을 풀고 시험을 시작합니다.

지급재료목록

도미(200~250g) 1마리, **우엉** 40g, **꽈리고추**(30g) 2개, **통생강** 30g, **흰설탕** 60g, **청주** 50ml, **진간장** 90ml, **소금**(정제염) 5g, **건다시마**(5×10cm) 1장, **맛술**(미림) 50ml

도미 조림장
다시마 다시(다시물) 2컵, **진간장** 3큰술, **흰설탕** 3큰술, **청주** 3큰술,
맛술(미림) 3큰술

 짝을 지어 잘 나오는 문제 묶어서 공부해 보세요.

문어초회 68p, 해삼초회 72p, 소고기덮밥 76p

조리과정

01 다시마 다시(다시물) 만들기
- 다시마는 젖은 면보로 앞, 뒤를 닦고 국물이 잘 우러나도록 칼집을 넣어 냄비에 찬물 2~2.5컵 정도를 넣고 다시마를 넣어 약한 불에서 천천히 끓기 시작하면 다시마는 건져내고 불을 끈다.

02 도미 손질
- 도미는 비늘을 긁고 지느러미를 제거한 후 배쪽에 칼집을 적당히 넣어 내장을 제거하고 아가미를 벌려 칼로 아가미를 떼어 낸 후 물로 씻고 머리, 몸통, 꼬리 부분으로 토막 낸다.

03 도미 등분내기
- 도미머리 : 세워서 머리를 왼손으로 잡고 윗입술 쪽에서 머리 위쪽으로 자른 후 반으로 쪼개어 2쪽을 만들어 소금을 뿌려 놓는다.
- 도미몸통 : 5~6cm 크기에 따라 1쪽 또는 2쪽으로 토막 낸다.
- 꼬리 : 1쪽으로 토막 내어 X자로 칼집을 내고 꼬리 끝은 V자로 모양을 내어 소금을 뿌려 놓는다.

04 우엉, 생강, 꽈리고추 준비
- 우엉 : 칼등으로 껍질을 벗겨 길이 5cm의 나무젓가락 두께로 3~4등분으로 썰어 물에 담가둔다.
- 생강채(하리쇼가) : 길고 곱게 채 썰어 찬물에 담가 놓는다.
- 꽈리고추 : 꼭지를 따고 그대로 또는 길이가 길면 반으로 자른다.

시험장에서의 조리작업 순서

다시마 다시(다시 물) 만들기 ➡ 도미 손질하여 토막 내고 소금 뿌리기 ➡ 우엉 썰기 ➡ 생강 채썰기 ➡ 도미 데치기 ➡ 도미 조림하기 ➡ 꽈리고추 넣기 ➡ 담기

05 도미 데치기

- 체에 도미를 얹고 젖은 면보를 꼭 짜서 덮고 따뜻한 물을 끼얹어 비늘과 이물질 등을 깨끗하게 제거한다.

06 도미 조림하기

- 냄비에 우엉을 깔고 도미를 올린 후 다시마 다시(다시물) 2컵(도미가 잠길 만큼), 진간장 3큰술, 흰설탕 3큰술, 청주 3큰술, 맛술(미림) 3큰술을 넣고 조려준다.
- 호일을 원형으로 접어 냄비보다 조금 작은 뚜껑(오토시부타)을 만들고 가운데 구멍을 뚫어 준비한다.
- 처음에 끓어오르는 거품을 제거하고 호일 뚜껑을 덮어 조린다.

07 조림 국물 끼얹기

- 냄비를 돌려가며 밑이 붙지 않도록 하고 간장 국물을 생선에 끼얹어 윤기나게 조린다.
- 국물이 알맞게 남으면 꽈리고추를 넣어 살짝 조린다.

08 완성품 담기

- 완성 그릇에 조려진 도미를 담고 앞쪽에 우엉과 꽈리고추를 기대 세워서 담은 후 조림 국물을 끼얹는다.
- 물기 뺀 생강채를 모양을 잡아 곁들여 낸다.

1. 도미
- 비늘과 내장을 제거하고 소금을 뿌려두었다가 끓는 물에 데쳐서 다시 한번 불순물과 비늘을 제거해야 완성 시 비린내가 나지 않는다.

2. 우엉은 아린 맛을 제거하고 갈변 방지를 위해 찬물에 담갔다가 사용한다.

3. 꽈리고추는 숨이 죽지 않고 푸른색을 유지하도록 한다.

4. 생강채(하리쇼가)
- 하리는 바늘, 쇼가는 생강을 뜻하며 바늘 굵기의 생강채를 뜻한다. 물로 씻어 매운맛을 빼고 생선조림이나 구이 등에 곁들여 냄새를 중화시키고 입가심 등의 역할을 해준다.

5. 오토시부타(조리용 뚜껑)
- 냄비의 직경보다 작은 뚜껑으로 조림류나 음식을 끓일 때 사용되며 그 뚜껑까지 국물이 차오르면서 국물 등의 맛이 달아나지 않고 생선조림 시에는 비린 맛은 날아가며 조림장이 생선에 더 잘 스며든다.

NCS능력단위 **초회조리**

06 문어초회

(たこのすのもの : 타코노스노모노)

시험시간 **20분**

초회요리는 각종 해산물을 이용하여 만들며 소스의 산뜻한 산미와 개운함으로 짙은 조림요리나 튀김 등의 요리 뒤에 배합하여 제공하면 입안을 상큼하게 해준다.

감독관의 중점 체크 포인트

- 문어 삶은 정도 체크(문어가 너무 안 익어서 흐물거리면 안되고 안쪽 살이 너무 익어도 안 된다.)
- 문어 물결모양썰기(하조기리) 체크
- 오이 둥글게 썰기 또는 줄무늬(자바라)썰기 체크
- 소스의 맛 체크

용어설명

- 타코(たこ) : 문어
- 스노모노(すのもの) : 초회요리
- 도사스 : 도사스지방의 가쓰오부시를 넣어 만든 소스에 붙인 이름
- 하조기리 : 물결모양썰기
- 자바라(じゃばら) : 아코디언의 주름상자처럼 신축성있게 써는 것

요구사항

※ **주어진 재료를 사용하여 다음과 같이 문어초회를 만드시오.**

가. 가다랑어 국물을 만들어 양념초간장(도사스)을 만드시오.
나. 문어는 삶아 4~5cm 길이로 물결모양썰기(하조기리)를 하시오.
다. 미역은 손질하여 4~5cm 크기로 사용하시오.
라. 오이는 0.1~0.2cm 두께로 둥글게(와기리) 썰거나 줄무늬(자바라)썰기 하여 사용하시오.
마. 문어초회 접시에 오이와 문어를 담고 양념초간장(도사스)을 끼얹어 레몬으로 장식하시오.

수험자 유의사항

1 만드는 순서에 유의하며, 위생과 숙련된 기능평가를 위하여 조리작업 시 맛을 보지 않습니다.
2 지정된 수험자 지참 준비물 이외의 조리기구나 재료를 시험장 내에 지참할 수 없습니다.
3 지급재료는 시험 전 확인하여 이상이 있을 경우 시험위원으로부터 조치를 받고 시험 중에는 재료의 교환 및 추가지급은 하지 않습니다.
4 요구사항 및 지급재료의 규격은 "정도"의 의미를 포함하며, 재료의 크기에 따라 가감하여 채점합니다.
5 위생복, 위생모, 앞치마, 마스크를 착용하여야 하며, 시험장비·조리도구 취급 등 안전에 유의합니다.
6 다음 사항은 실격에 해당하여 채점대상에서 제외됩니다.
　가) 수험자 본인이 시험 도중 시험에 대한 포기 의사를 표현하는 경우
　나) 위생복, 위생모, 앞치마, 마스크를 착용하지 않은 경우
　다) 시험시간 내에 과제 두 가지를 제출하지 못한 경우
　라) 문제의 요구사항대로 과제의 수량이 만들어지지 않은 경우
　마) 완성품을 요구사항의 과제(요리)가 아닌 다른 요리(예, 달걀말이 → 달걀찜)로 만든 경우
　바) 불을 사용하여 만든 조리작품이 작품 특성에 벗어나는 정도로 타거나 익지 않은 경우
　사) 해당과제의 지급재료 이외 재료를 사용하거나, 요구사항의 조리기구(석쇠 등)로 완성품을 조리하지 않은 경우
　아) 지정된 수험자지참물 이외의 조리기술에 영향을 줄 수 있는 기구를 사용한 경우
　자) 가스레인지 화구 2개 이상(2개 포함) 사용한 경우
　차) 시험 중 시설·장비(칼, 가스레인지 등) 사용 시 시험위원 및 타 수험자의 시험 진행에 위해를 일으킬 것으로 시험위원 전원이 합의하여 판단한 경우
　카) 요구사항에 표시된 실격 및 부정행위에 해당하는 경우
7 항목별 배점은 위생상태 및 안전관리 5점, 조리기술 30점, 작품의 평가 15점입니다.
8 시험시작 전 가벼운 몸 풀기(스트레칭) 동작으로 긴장을 풀고 시험을 시작합니다.

지급재료목록

문어다리(생문어,80g) 1개, **건미역** 5g, **레몬** 1/4개, **오이**(가늘고 곧은 것, 길이 20cm) 1/2개, **소금**(정제염) 10g, **식초** 30ml, **건다시마**(5×10cm) 1장, **진간장** 20ml, **흰설탕** 10g, **가다랑어포**(가쓰오부시) 5g

 양념초간장(도사스)
가다랑어 국물(가쓰오다시) 3큰술, 진간장 1큰술, 식초 1큰술, 흰설탕 1/2작은술

 짝을 지어 잘 나오는 문제 묶어서 공부해 보세요.
도미조림 64p, 삼치소금구이 88p, 김초밥 120p, 생선초밥 112p, 메밀국수(자루소바) 84p

조리과정

01 가다랑어 국물(가쓰오다시) 만들기

- 다시마는 젖은 면보로 앞, 뒤를 닦고 국물이 잘 우러나도록 칼집을 넣어 냄비에 찬물 1컵을 넣고 서서히 약불에서 끓인다. 물이 끓어오르면 불을 끄고 다시마를 건진 후 가다랑어포(가쓰오부시)를 넣어 2~5분 정도 후에 면보에 거른다.

02 오이 줄무늬(자바라)썰기

- 오이는 소금으로 문질러 씻은 후 한쪽 면을 2/3 정도 깊이로 어슷하고 촘촘하게 0.2cm 간격으로 칼집을 넣고 뒤집어서 반대 면도 같은 방식으로 칼집을 넣어 소금물에 절여둔다(자바라규리).
- 충분히 절여지면 물에 헹군 후 3cm 길이로 썰어 살짝 비틀어 준비한다.

03 미역 손질하기, 레몬 썰기

- 미역은 불린 후 끓는 물에 살짝 데치고 찬물에 헹궈서 물기를 꼭 짜고 말아서 4~5cm 길이로 자른다.
- 레몬은 0.3cm 정도의 두께로 반달썰기 한다.

04 양념초간장(도사스) 만들기

- 냄비에 가다랑어 국물(가쓰오다시) 3큰술, 진간장 1큰술, 식초 1큰술, 흰설탕 1/2작은술을 넣고 설탕이 녹을 정도로만 살짝 끓여 식혀서 양념초간장(도사스)을 만든다.

시험장에서의 조리작업 순서

가다랑어 국물(가쓰오다시) 만들기 ➡ 오이 줄무늬(자바라)썰어 절이기 ➡ 양념초간장(도사스)만들어 식히기 ➡ 미역 데쳐서 모양 만들기, 레몬 반달썰기 ➡ 문어 삶기 ➡ 문어 포뜨기 ➡ 절여진 오이 썰기 ➡ 그릇에 담고 양념초간장(도사스) 끼얹고 레몬 곁들이기

05 문어 씻기와 삶기

- 문어는 소금으로 문질러 씻어 빨판의 이물질을 깨끗이 정리하고 끓는 물에 간장, 식초, 소금을 약간 넣고 삶아 익으면 건져 식힌다.
- 시험장에 나오는 생문어는 약 8~10분가량 삶아주는데 덜 익으면 물결모양을 내기가 어렵고 너무 익히면 질겨진다.

06 문어 껍질 정리하기

- 식힌 문어 안쪽의 너덜거리는 껍질은 빨판이 떨어져 나가지 않도록 제거해서 준비한다.

07 문어 물결모양썰기(하조기리)

- 식은 문어는 4~5cm 길이로 빨판을 살리면서 파도를 타듯이 칼을 어슷하게 위아래로 잔잔하게 흔들면서 얇게 포를 뜬다.

08 완성품 담기

- 완성 그릇에 미역과 오이를 가지런하게 담고 차게 식힌 양념초간장(도사스)을 끼얹은 후 레몬을 곁들여낸다.

1. 문어
- 시험장에서 삶아진 문어가 지급되면 끓는 물에 5초간 데쳐서 사용하고 생문어가 지급되면 삶아서 사용한다.
- 문어 물결모양썰기를 할 때 두께가 두꺼워지지 않도록 한다.(참고-하조기리 : 물결모양썰기이고 사사나미기리 : 파도물결썰기로 하조기리 보다 더 잔잔하게 썰기)
- 물결모양으로 썰면 소스도 잘 베이고 부드럽게 먹을 수 있다.

2. 오이
- 자바라규리는 오이의 모양이 마치 아코디언의 주름상자처럼 신축성 있게 써는 것을 말한다.

3. 양념초간장(도사스)
- 양념초간장은 미리 만들어서 차게 식혀서 사용한다.
- 도사스는 도사 지방의 가쓰오부시를 넣어 만든 소스이다.

NCS능력단위 **무침조리**

07 해삼초회

(なまこのすのもの : 나마꼬노스노모노)

 시험시간 **20분**

나마꼬는 해삼, 스노모노는 초회 요리를 말한다. 초회 요리는 각종 해산물을 이용하여 만들며 소스의 산뜻한 산미와 개운함으로 짙은 조림 요리나 튀김 등의 요리 뒤에 배합하여 제공하면 입안을 상큼하게 해준다. 해삼은 칼슘과 요오드, 알긴산 등을 다량 함유하고 있어 바다의 인삼이라고 불리는데 생으로 요리를 해야 하므로 싱싱한 것을 준비한다.

감독관의 중점 체크 포인트

- 해삼 손질 체크(배속의 모래와 힘줄(스지)제거)
- 오이 둥글게 썰기 또는 줄무늬(자바라)썰기 체크
- 야꾸미 체크(빨간무즙의 색-단풍색 정도로 물들이기)
- 소스의 맛 체크

용어설명

- 나마꼬(なまこ) : 해삼
- 스노모노(すのもの) : 초회요리
- 야꾸미(やくみ) : 음식에 곁들이는 양념
- 아까(あか) : 빨간색
- 오로시(おろし) : 야채를 강판에 간 것
- 아까오로시(あかおろし) : 무를 강판에 갈아서 고운 고춧가루로 빨간색으로 물들인 것
- 폰즈(ポンず) : 감귤류의 과즙을 이용한 일식 조미료로 폰즈에 간장을 섞은 '폰즈 간장'도 일반적으로 '폰즈'라고 줄여서 부름

요구사항

※ **주어진 재료를 사용하여 다음과 같은 해삼 초회를 만드시오.**

가. 오이는 0.1~0.2cm 두께로 둥글게(와기리) 썰거나 줄무늬(자바라)썰기 하여 사용하시오.
나. 미역을 손질하여 4~5cm로 써시오.
다. 해삼은 내장과 모래가 없도록 손질하고 힘줄(스지)을 제거하시오.
라. 빨간 무즙(아까오로시)과 실파를 준비하시오.
마. 초간장(폰즈)을 끼얹어 내시오.

수험자 유의사항

1. 만드는 순서에 유의하며, 위생과 숙련된 기능평가를 위하여 조리작업 시 맛을 보지 않습니다.
2. 지정된 수험자 지참 준비물 이외의 조리기구나 재료를 시험장 내에 지참할 수 없습니다.
3. 지급재료는 시험 전 확인하여 이상이 있을 경우 시험위원으로부터 조치를 받고 시험 중에는 재료의 교환 및 추가지급은 하지 않습니다.
4. 요구사항 및 지급재료의 규격은 "정도"의 의미를 포함하며, 재료의 크기에 따라 가감하여 채점합니다.
5. 위생복, 위생모, 앞치마, 마스크를 착용하여야 하며, 시험장비·조리도구 취급 등 안전에 유의합니다.
6. 다음 사항은 실격에 해당하여 채점대상에서 제외됩니다.
   가) 수험자 본인이 시험 도중 시험에 대한 포기 의사를 표현하는 경우
   나) 위생복, 위생모, 앞치마, 마스크를 착용하지 않은 경우
   다) 시험시간 내에 과제 두 가지를 제출하지 못한 경우
   라) 문제의 요구사항대로 과제의 수량이 만들어지지 않은 경우
   마) 완성품을 요구사항의 과제(요리)가 아닌 다른 요리(예, 달걀말이 → 달걀찜)로 만든 경우
   바) 불을 사용하여 만든 조리작품이 작품 특성에 벗어나는 정도로 타거나 익지 않은 경우
   사) 해당과제의 지급재료 이외 재료를 사용하거나, 요구사항의 조리기구(석쇠 등)로 완성품을 조리하지 않은 경우
   아) 지정된 수험자지참물 이외의 조리기술에 영향을 줄 수 있는 기구를 사용한 경우
   자) 가스레인지 화구 2개 이상(2개 포함) 사용한 경우
   차) 시험 중 시설·장비(칼, 가스레인지 등) 사용 시 시험위원 및 타 수험자의 시험 진행에 위해를 일으킬 것으로 시험위원 전원이 합의하여 판단한 경우
   카) 요구사항에 표시된 실격 및 부정행위에 해당하는 경우
7. 항목별 배점은 위생상태 및 안전관리 5점, 조리기술 30점, 작품의 평가 15점입니다.
8. 시험시작 전 가벼운 몸 풀기(스트레칭) 동작으로 긴장을 풀고 시험을 시작합니다.

지급재료목록

해삼(fresh) 100g, 오이(가늘고 곧은 것, 길이 20cm) 1/2개, 건미역 5g, 실파(1뿌리) 20g, 무 20g, 레몬 1/4개, 소금(정제염) 5g, 건다시마(5×10cm) 1장, 가다랑어포(가쓰오부시) 10g, 식초 15ml, 진간장 15ml, 고춧가루(고운 것) 5g

 초간장(폰즈)
가다랑어 국물(가쓰오다시) 1큰술,
진간장 1큰술, 식초 1큰술

 양념(야꾸미)
빨간무즙(아까오로시) : 무 갈은것 + 고춧가루
실파, 레몬

> 짝을 지어 잘 나오는 문제 묶어서 공부해 보세요.
> 메밀국수(자루소바) 84p, 소고기덮밥 76p, 삼치소금구이 88p,
> 생선초밥 112p, 달걀찜 108p, 도미조림 64p

조리과정

01 가다랑어 국물(가쓰오다시) 만들기
- 다시마는 젖은 면보로 앞, 뒤를 닦고 국물이 잘 우러나도록 칼집을 넣어 냄비에 찬물 1컵을 넣고 서서히 약불에서 끓인다. 물이 끓어 오르면 불을 끄고 다시마를 건진 후 가다랑어포(가쓰오부시)를 넣어 2~5분 정도 후에 면보에 거른다.

02 오이 줄무늬(자바라) 썰기
- 오이는 소금으로 문질러 씻은 후 한쪽 면을 2/3 정도 깊이로 어슷하고 촘촘하게 0.2cm 간격으로 칼집을 넣고 뒤집어서 반대 면도 같은 방식으로 칼집을 넣어 소금물에 절여둔다(자바라규리).
- 충분히 절여지면 물에 헹군 후 3cm 길이로 썰어 살짝 비틀어 준비한다.

03 미역 손질하기
- 미역은 불린 후 끓는 물에 살짝 데치고 찬물에 헹궈서 물기를 꼭 짜고 말아서 4~5cm 길이로 자른다.

04 초간장(폰즈) 만들기
- 가다랑어 국물(가쓰오다시) 1큰술, 간장 1큰술, 식초 1큰술을 혼합하여 폰즈를 만든다.

  끓이지 않고 혼합한다.

시험장에서의 조리작업 순서

가다랑어 국물(가쓰오다시) 만들기 ➡ 오이 줄무늬(자바라) 썰어 절이기 ➡ 미역 불리기 ➡ 초간장(폰즈) 만들기 ➡ 야꾸미 만들기(빨간무즙(아까오로시), 실파, 레몬) ➡ 미역 데쳐서 모양 만들기 ➡ 해삼 손질하여 썰기 ➡ 절여진 오이 썰기 ➡ 그릇에 담고 폰즈 끼얹기

05 양념(야꾸미) 만들기

- 무 : 고운 강판에 갈아서 체에 밭쳐 냉수에 헹궈 슬며시 짠 후 고운 고춧가루로 색을 내서 빨간무즙(아까오로시)을 만든다.
- 실파 : 흰 부분을 제거하고 파란 부분을 곱게 송송 썰어 찬물에 헹궈 물기를 제거한다.
- 레몬 : 0.3cm 정도의 두께로 반달썰기 한다.

06 해삼 손질

- 해삼은 양 끝을 잘라 내고 배를 갈라 모래와 힘줄(스지)을 제거하고 배쪽에 소금을 넣어 문질러 씻는다.

07 해삼 썰기

- 손질한 해삼을 작은 것은 2cm 정도 크기, 굵은 것은 1cm 정도의 폭으로 어슷하게 썬다.

08 완성품 담기

- 완성 그릇에 미역과 오이를 담고 해삼을 앞쪽으로 담은 후 야꾸미 (빨간무즙, 레몬, 실파)를 놓고 초간장(폰즈)을 끼얹어 완성한다.

참고 사항

1. 해삼
- 시험장에서 건해삼을 불려서 지급할 경우 배 속의 이물질을 제거하고 소금으로 씻어서 끓는 물에 살짝 데쳐 식힌 후 어슷하게 썰어 사용한다.

2. 오이
- 자바라규리는 오이의 모양이 마치 자바라와 같다고 해서 붙여진 이름이다.

3. 무
- 무를 갈 때 고운 강판으로 갈며 물에 살짝 헹궈서 물기를 짜고 고운 고춧가루를 한 번에 모두 넣지 말고 색을 보아가며 넣어 뭉치지 않고 자연스러운 단풍색이 나도록 빨간무즙(아까오로시)을 만든다.

4. 초간장(폰즈)
- 가다랑어 국물(가쓰오다시)이 식으면 다시1 : 간장1 : 식초1의 비율로 혼합하여 끓이지 않고 사용한다.

NCS능력단위 **밥류조리**

 소고기덮밥

(ぎゅうにくのどんぶり : 규우니쿠노돈부리)

 시험시간 30분

돈부리는 우리가 사용하고 있는 밥공기 보다 조금 큰 그릇을 가리키며 음식으로는 돈부리 그릇에 밥을 담고 밥 위에 반찬이 되는 요리를 올려놓은 것을 덮밥이라고 한다. 바쁜 일상에 간단하게 한 끼를 해결할 수 있는 음식으로 종류가 다양하다.

감독관의 중점 체크 포인트

- 달걀물이 재료 전체를 고르게 덮었는지 체크
- 달걀물의 익은 정도 체크(달걀물이 반 정도 익도록 하기)
- 덮밥 국물의 양 체크(밥을 촉촉이 적시는 정도의 양이 적당함)

용어설명

- 규우니쿠(ぎゅうにく) : 소고기
- 돈부리(どんぶり) : 덮밥
- 하리노리(はりのり) : 김을 구어 바늘처럼 가늘게 채 썰어 놓은 것

요구사항

※ **주어진 재료를 사용하여 다음과 같이 소고기 덮밥을 만드시오.**

가. 덮밥용 양념간장(돈부리 다시)을 만들어 사용하시오.
나. 고기, 채소, 달걀은 재료 특성에 맞게 조리하여 준비한 밥 위에 올려놓으시오.
다. 김을 구워 칼로 잘게 썰어(하리노리) 사용하시오.

수험자 유의사항

1. 만드는 순서에 유의하며, 위생과 숙련된 기능평가를 위하여 조리작업 시 맛을 보지 않습니다.
2. 지정된 수험자 지참 준비물 이외의 조리기구나 재료를 시험장 내에 지참할 수 없습니다.
3. 지급재료는 시험 전 확인하여 이상이 있을 경우 시험위원으로부터 조치를 받고 시험 중에는 재료의 교환 및 추가지급은 하지 않습니다.
4. 요구사항 및 지급재료의 규격은 "정도"의 의미를 포함하며, 재료의 크기에 따라 가감하여 채점합니다.
5. 위생복, 위생모, 앞치마, 마스크를 착용하여야 하며, 시험장비·조리도구 취급 등 안전에 유의합니다.
6. 다음 사항은 실격에 해당하여 채점대상에서 제외됩니다.
   가) 수험자 본인이 시험 도중 시험에 대한 포기 의사를 표현하는 경우
   나) 위생복, 위생모, 앞치마, 마스크를 착용하지 않은 경우
   다) 시험시간 내에 과제 두 가지를 제출하지 못한 경우
   라) 문제의 요구사항대로 과제의 수량이 만들어지지 않은 경우
   마) 완성품을 요구사항의 과제(요리)가 아닌 다른 요리(예, 달걀말이 → 달걀찜)로 만든 경우
   바) 불을 사용하여 만든 조리작품이 작품 특성에 벗어나는 정도로 타거나 익지 않은 경우
   사) 해당과제의 지급재료 이외 재료를 사용하거나, 요구사항의 조리기구(석쇠 등)로 완성품을 조리하지 않은 경우
   아) 지정된 수험자지참물 이외의 조리기술에 영향을 줄 수 있는 기구를 사용한 경우
   자) 가스레인지 화구 2개 이상(2개 포함) 사용한 경우
   차) 시험 중 시설·장비(칼, 가스레인지 등) 사용 시 시험위원 및 타 수험자의 시험 진행에 위해를 일으킬 것으로 시험위원 전원이 합의하여 판단한 경우
   카) 요구사항에 표시된 실격 및 부정행위에 해당하는 경우
7. 항목별 배점은 위생상태 및 안전관리 5점, 조리기술 30점, 작품의 평가 15점입니다.
8. 시험시작 전 가벼운 몸 풀기(스트레칭) 동작으로 긴장을 풀고 시험을 시작합니다.

지급재료목록

소고기(등심) 60g, 양파(중,150g) 1/3개, 실파(1뿌리) 20g, 팽이버섯 10g, 달걀 1개, 김 1/4장, 흰설탕 10g, 진간장 15ml, 건다시마(5×10cm) 1장, 맛술(미림) 15ml, 소금(정제염) 2g, 밥(뜨거운 밥) 120g, 가다랑어포(가쓰오부시) 10g

양념 간장(돈부리 다시)

가다랑어 국물(가쓰오다시) 6큰술, 진간장 1큰술, 맛술(미림) 1큰술, 흰설탕 1작은술

 짝을 지어 잘 나오는 문제 묶어서 공부해 보세요.
해삼초회 72p, 도미조림 64p, 도미술찜 104p, 소고기간장구이 92p, 된장국 60p

조리과정

01 가다랑어 국물(가쓰오다시) 만들기

- 다시마는 젖은 면보로 앞, 뒤를 닦고 국물이 잘 우러나도록 칼집을 넣어 냄비에 찬물 1컵을 넣고 서서히 약불에서 끓인다. 물이 끓어 오르면 불을 끄고 다시마를 건진 후 가다랑어포(가쓰오부시)를 넣어 2~5분 정도 후에 면보에 거른다.

02 김 가는 채(하리노리)썰기

- 김은 살짝 구워 칼로 4cm 정도 길이로 가늘게 채(하리노리) 썰어 놓는다.

03 채소 준비하기

- 양파는 양 끝을 정리하고 4~5cm 길이로 얇게 채 썰고, 실파는 4~5cm 길이로 어슷하게 썬다.
- 팽이버섯은 밑동을 잘라내고 4~5cm 길이로 썬다.

04 소고기 썰기

- 소고기는 핏물을 제거한 후 결 반대로 폭 2cm, 길이 6cm 정도로 얇게 썬다.

시험장에서의 **조리작업 순서**

가다랑어 국물(가쓰오다시) 만들기 ➡ 김 채 썰기 ➡ 채소(양파, 팽이버섯, 실파) 준비하여 썰기 ➡ 소고기 썰기 ➡ 덮밥용 양념간장(돈부리 다시) 만들기 ➡ 달걀 풀기, 밥 담기 ➡ 덮밥 끓이기(덮밥용 양념간장-양파-소고기-팽이버섯-실파-달걀물) ➡ 담기(김 올리기)

05 덮밥용 양념간장(돈부리 다시) 만들기, 달걀 풀기

- 덮밥용 양념간장(돈부리 다시)은 가다랑어 국물(가쓰오다시) 6큰술, 진간장 1큰술, 맛술(미림) 1큰술, 흰설탕 1작은술을 한데 섞어 만든다.
- 달걀은 알끈을 제거하고 4~5번 휘저어주는 정도로 풀어 황·백 구분이 생기게 준비한다.
- 완성 그릇에 밥을 위가 약간 평평하게 담아 놓는다.

06 덮밥(돈부리) 끓이기

- 냄비에 덮밥용 양념간장(돈부리 다시)을 붓고 양파를 넣어 잠시 끓이면서 고기를 넣고 익혀 준 다음(거품 제거) 팽이버섯과 실파를 펼쳐서 넣어준다.

07 달걀 물 넣기

- 위에 달걀물을 가운데부터 재료 전체가 덮이도록 빙빙 돌려가면서 펼쳐서 덮어주고 노른자와 흰자를 각각 선명하게끔 익힌다.

> 달걀이 완전히 익지 않도록 한다.

08 완성품 담기

- 준비한 밥 위에 모양이 흩어지지 않으면서 밥이 보이지 않도록 담고 채 썬 김을 올린다(제출 직전에).

참고 사항

1. 소고기
- 힘줄이나 기름 등은 제거하고 사용한다.

2. 덮밥(돈부리) 끓이기
- 소고기를 넣으면 불순물이 떠오르는데 반드시 제거해 주어야 덮밥이 깨끗하다.
- 완성 그릇에 담을 때 국물이 많지 않도록 밥을 촉촉이 적시는 정도의 양이 적당하다.
- 덮밥 국물의 양이 많으면 달걀 물을 넣기 전에 일부 떠낸다.
- 달걀은 가장자리는 익고 가운데는 반숙인 정도로 익힌다.

3. 담기
- 국자로 모양이 흩어지지 않도록 떠서 밥 위에 얹는다.
- 김은 제출 직전에 얹어낸다.

NCS능력단위 **면 조리**

우동볶음(야키우동)
(やきうどん : 야키우동)

 시험시간 **30분**

우동볶음은 중국식 조리법을 응용하여 채소와 해산물, 면을 한데 볶아서 만든 요리로 젊은 층에게 인기가 있는 메뉴 중의 하나로 마지막에 올리는 가다랑어포가 볶음 재료와 어우러져 진한 풍미를 준다.

감독관의 중점 체크 포인트

- 재료의 크기가 일정한지 체크
- 해산물 손질 체크(오징어 솔방울 무늬 칼집 넣기)
- 우동 삶기 체크(면발이 끊어 지지 않도록 적당히 삶기)
- 전체적인 조화 체크

용어설명

- 야키(やき) : 구운 것을 의미하며 팬에 올려 볶는 것도 야키에 속함
- 하나가쓰오(はながつお) : 가다랑어포를 잘고 얇게 썬 것

요구사항

※ **주어진 재료를 사용하여 다음과 같이 우동볶음(야키우동)을 만드시오.**

가. 새우는 껍질과 내장을 제거하고 사용하시오.
나. 오징어는 솔방울 무늬로 칼집을 넣어 1cm x 4cm 크기로 썰어서 데쳐 사용하시오.
다. 우동은 데쳐서 사용하고, 숙주를 제외한 나머지 채소는 4cm 길이로 썰어 사용하시오.
라. 가다랑어포(하나가쓰오)를 고명으로 얹으시오.

수험자 유의사항

1. 만드는 순서에 유의하며, 위생과 숙련된 기능평가를 위하여 조리작업 시 맛을 보지 않습니다.
2. 지정된 수험자 지참 준비물 이외의 조리기구나 재료를 시험장 내에 지참할 수 없습니다.
3. 지급재료는 시험 전 확인하여 이상이 있을 경우 시험위원으로부터 조치를 받고 시험 중에는 재료의 교환 및 추가지급은 하지 않습니다.
4. 요구사항 및 지급재료의 규격은 "정도"의 의미를 포함하며, 재료의 크기에 따라 가감하여 채점합니다.
5. 위생복, 위생모, 앞치마, 마스크를 착용하여야 하며, 시험장비·조리도구 취급 등 안전에 유의합니다.
6. 다음 사항은 실격에 해당하여 채점대상에서 제외됩니다.
    가) 수험자 본인이 시험 도중 시험에 대한 포기 의사를 표현하는 경우
    나) 위생복, 위생모, 앞치마, 마스크를 착용하지 않은 경우
    다) 시험시간 내에 과제 두 가지를 제출하지 못한 경우
    라) 문제의 요구사항대로 과제의 수량이 만들어지지 않은 경우
    마) 완성품을 요구사항의 과제(요리)가 아닌 다른 요리(예, 달걀말이 → 달걀찜)로 만든 경우
    바) 불을 사용하여 만든 조리작품이 작품 특성에 벗어나는 정도로 타거나 익지 않은 경우
    사) 해당과제의 지급재료 이외 재료를 사용하거나, 요구사항의 조리기구(석쇠 등)로 완성품을 조리하지 않은 경우
    아) 지정된 수험자지참물 이외의 조리기술에 영향을 줄 수 있는 기구를 사용한 경우
    자) 가스레인지 화구 2개 이상(2개 포함) 사용한 경우
    차) 시험 중 시설·장비(칼, 가스레인지 등) 사용 시 시험위원 및 타 수험자의 시험 진행에 위해를 일으킬 것으로 시험위원 전원이 합의하여 판단한 경우
    카) 요구사항에 표시된 실격 및 부정행위에 해당하는 경우
7. 항목별 배점은 위생상태 및 안전관리 5점, 조리기술 30점, 작품의 평가 15점입니다.
8. 시험시작 전 가벼운 몸 풀기(스트레칭) 동작으로 긴장을 풀고 시험을 시작합니다.

지급재료목록

우동 150g, **작은새우**(껍질 있는 것) 3마리, **갑오징어몸살**(물오징어 대체 가능) 50g, **양파**(중, 150g) 1/8개, **숙주** 80g, **생표고버섯** 1개, **당근** 50g, **청피망**(중, 75g) 1/2개, **가다랑어포**(하나가쓰오, 고명용) 10g, **청주** 30ml, **진간장** 15ml, **맛술**(미림) 15ml, **식용유** 15ml, **참기름** 5ml, **소금** 5g

 짝을 지어 잘 나오는 문제 묶어서 공부해 보세요.

달걀말이 100p, 된장국 60p, 대합 맑은국 56p

조리과정

01 채소 다듬기 및 썰기(숙주, 생표고버섯)
- 숙주는 머리와 꼬리를 떼어 준비한다.
- 생표고버섯은 기둥을 떼고 데쳐 물기를 제거하고 포 떠서 0.5×4cm로 썬다.

02 채소 다듬기 및 썰기(양파, 당근, 피망)
- 양파는 양 끝을 자르고 0.5×4cm로 썬다.
- 당근은 0.5×4cm로 채 썰고, 피망은 속 씨를 제거하고 당근과 같은 크기로 썬다.

03 새우 손질하기
- 새우는 내장을 제거하고 껍질을 벗긴다.

04 오징어 모양내어 데치기
- 오징어는 껍질을 벗긴 후 안쪽에 솔방울 무늬(가로, 세로로 어슷하게 칼집을 넣어 줌)로 칼집을 넣어 1×4cm로 썰어 끓는 물에 소금과 청주 약간을 넣고 살짝 데쳐 준비한다.

시험장에서의 **조리작업 순서**

숙주머리와 꼬리 떼기 ➡ 표고버섯 데쳐서 썰기 ➡ 양파, 당근, 피망 썰기 ➡ 새우 손질 ➡ 오징어 칼집넣어 데치기 ➡ 우동 삶기 ➡ 볶기[(식용유, 당근, 양파, 표고버섯, 숙주, 새우, 오징어+소금 ➡ 우동, 피망 ➡ 양념(진간장, 청주, 맛술(미림))] ➡ 그릇에 담기 ➡ 가다랑어포(하나가쓰오) 고명으로 얹기

05 우동 데치기

- 우동은 끓는 물에 데쳐 풀어지면 체에 밭쳐 물기를 빼 놓는다.

> 우동은 면발이 끊어지지 않도록 젓가락으로 가볍게 풀어 데친다.

06 채소와 해물 볶기

- 팬을 달구어서 식용유를 두르고 당근, 양파, 표고버섯, 숙주, 새우, 오징어 순으로 볶으면서 약간의 소금으로 간을 한다.

07 우동 넣어 볶기

- 06 에 우동을 넣고 양념(진간장 1큰술, 청주 1큰술, 맛술(미림)1큰술)을 하면서 피망을 넣고 참기름을 둘러 마무리한다.

08 완성품 담기

- 완성된 우동 볶음을 그릇에 담고 가다랑어포(하나가쓰오)를 살포시 얹어낸다.

1. 채소
- 크기가 일정하도록 맞춰 썬다.

2 해산물
- 새우는 이쑤시개를 이용하여 등 2번째 마디에서 내장을 제거하고 껍질을 벗긴다.
- 오징어는 껍질을 제거하고 내장 쪽에 가로, 세로로 어슷하게 칼집을 넣어 질겨지지 않도록 살짝 데친다.

3. 우동면
- 끓는 물에 우동면을 넣고 젓가락으로 바로 젓게 되면 면이 끊어질 수 있으므로 어느 정도 데쳐지면 젓가락으로 살살 가볍게 풀어가며 삶는다.

NCS능력단위 **면조리**

10 메밀국수(자루소바)

(ざるそば : 자루소바)

 시험시간 **30분**

메밀국수는 메밀가루를 이용하여 가공한 일본의 면 요리로 메밀국수 외에 특별한 재료를 사용하지 않고 국수를 양념 장국에 찍어 먹는 소바를 "자루소바'라고 부른다. 특히 자루소바 위에는 짧은 김을 뿌려 먹는다.

감독관의 중점 체크 포인트

- 소바다시(메밀국수 국물) 처리 체크
  (얼음물에 냉각시키기)
- 메밀면 삶기와 사리 짓기 체크
- 양념(야꾸미) 준비 체크

용어설명

- 소바(そば) : 메밀
- 자루(ざる) : 소쿠리
- 자루소바(ざるそば) : 대발에 담은 메밀국수로 소스를 부어서 먹는 것이 아닌 양념 장국에 찍어 먹는 국수요리
- 하리노리(はりのり) : 김을 구워 바늘처럼 가늘게 채 썰어 놓은 것
- 야꾸미(やくみ) : 음식에 곁들이는 양념

요구사항

※ **주어진 재료를 사용하여 다음과 같이 메밀국수(자루소바)를 만드시오.**

가. 소바다시를 만들어 얼음으로 차게 식히시오.
나. 메밀국수는 삶아 얼음으로 차게 식혀서 사용하시오.
다. 메밀국수는 접시에 김발을 펴서 그 위에 올려내시오.
라. 김은 가늘게 채 썰어(하리노리) 메밀국수에 얹어 내시오.
마. 메밀국수, 양념(야꾸미), 소바다시를 각각 따로 담아내시오.

수험자 유의사항

1) 만드는 순서에 유의하며, 위생과 숙련된 기능평가를 위하여 조리작업 시 맛을 보지 않습니다.
2) 지정된 수험자 지참 준비물 이외의 조리기구나 재료를 시험장 내에 지참할 수 없습니다.
3) 지급재료는 시험 전 확인하여 이상이 있을 경우 시험위원으로부터 조치를 받고 시험 중에는 재료의 교환 및 추가지급은 하지 않습니다.
4) 요구사항 및 지급재료의 규격은 "정도"의 의미를 포함하며, 재료의 크기에 따라 가감하여 채점합니다.
5) 위생복, 위생모, 앞치마, 마스크를 착용하여야 하며, 시험장비·조리도구 취급 등 안전에 유의합니다.
6) 다음 사항은 실격에 해당하여 **채점대상에서 제외**됩니다.
   가) 수험자 본인이 시험 도중 시험에 대한 포기 의사를 표현하는 경우
   나) 위생복, 위생모, 앞치마, 마스크를 착용하지 않은 경우
   다) 시험시간 내에 과제 두 가지를 제출하지 못한 경우
   라) 문제의 요구사항대로 과제의 수량이 만들어지지 않은 경우
   마) 완성품을 요구사항의 과제(요리)가 아닌 다른 요리(예, 달걀말이 → 달걀찜)로 만든 경우
   바) 불을 사용하여 만든 조리작품이 작품 특성에 벗어나는 정도로 타거나 익지 않은 경우
   사) 해당과제의 지급재료 이외 재료를 사용하거나, 요구사항의 조리기구(석쇠 등)로 완성품을 조리하지 않은 경우
   아) 지정된 수험자지참물 이외의 조리기술에 영향을 줄 수 있는 기구를 사용한 경우
   자) 가스레인지 화구 2개 이상(2개 포함) 사용한 경우
   차) 시험 중 시설·장비(칼, 가스레인지 등) 사용 시 시험위원 및 타 수험자의 시험 진행에 위해를 일으킬 것으로 시험위원 전원이 합의하여 판단한 경우
   카) 요구사항에 표시된 실격 및 부정행위에 해당하는 경우
7) 항목별 배점은 위생상태 및 안전관리 5점, 조리기술 30점, 작품의 평가 15점입니다.
8) 시험시작 전 가벼운 몸 풀기(스트레칭) 동작으로 긴장을 풀고 시험을 시작합니다.

지급재료목록

메밀국수(생면, 건면100g 대체 가능) 150g, **무** 60g, **실파**(2뿌리) 40g, **김** 1/2장, **고추냉이**(와사비분) 10g, **가다랑어포**(가쓰오부시) 10g, **건다시마**(5×10cm) 1장, **진간장** 50ml, **흰설탕** 25g, **청주** 15ml, **맛술**(미림) 10ml, **각얼음** 200g

 소바다시(메밀국수 국물)
가다랑어 국물(가쓰오다시) 1컵, 진간장 2큰술,
흰설탕 1큰술, 맛술(미림) 1/2큰술

 양념(야꾸미)
무즙, 실파
고추냉이

 짝을 지어 잘 나오는 문제 묶어서 공부해 보세요.

삼치소금구이 88p, 문어초회 68p, 해삼초회 72p, 전복버터구이 96p

조리과정

01 가다랑어 국물(가쓰오다시) 만들기

- 다시마는 젖은 면보로 앞, 뒤를 닦고 국물이 잘 우러나도록 칼집을 넣어 냄비에 찬물 2.5컵을 넣고 서서히 약불에서 끓인다. 물이 끓어오르면 불을 끄고 다시마를 건진 후 가다랑어포(가쓰오부시)를 넣어 2~5분 정도 후에 면보에 거른다.

02 소바다시(메밀국수 국물) 만들기

- 냄비에 가다랑어 국물(가쓰오다시) 1컵, 진간장 2큰술, 흰설탕 1큰술, 청주 1큰술, 맛술(미림) 1/2큰술을 넣고 설탕이 녹을 정도로 살짝 끓여 소바다시(메밀국수 국물)를 만든다.

03 소바다시(메밀국수 국물) 얼음물에 차게 식히기

- 02 의 소바다시(메밀국수 국물)를 담은 그릇을 얼음 넣은 볼에 넣어 차게 식혀 준비한다.

04 양념(야꾸미) 준비하기 - 무즙, 실파, 고추냉이

- 양념(야꾸미) 준비하기
- 무 : 강판에 갈아서 찬물에 헹궈 물기를 짜서 무즙을 만든다.
- 실파 : 흰 부분을 제거하고 파란 부분을 곱게 송송 썰어 찬물에 헹궈 물기를 제거한다.
- 고추냉이 : 찬물에 개서 모양을 잡아 준비한다.

시험장에서의 조리작업 순서

가다랑어 국물(가쓰오다시) 만들기 ➡ 소바다시(메밀국수 국물) 만들기 : 가다랑어 국물(가쓰오다시) 1컵, 진간장 2큰술, 흰설탕 1큰술, 청주 1큰술, 맛술 1/2큰술 ➡ 소바다시(메밀국수 국물) 얼음물에 차게 식히기 ➡ 양념(야꾸미) 준비하기 : 무즙, 실파, 고추냉이 ➡ 김 가는 채(하리노리) 썰기 ➡ 소바(메밀)면 삶기 ➡ 소바 헹궈서 얼음물에 냉각 후 사리짓기 ➡ 김채 얹기 ➡ 메밀국수, 양념(야꾸미), 소바다시(메밀국수 국물) 각각 따로 담아내기

05 김 가는 채(하리노리) 썰기

- 김은 살짝 구워 칼로 4cm 정도 길이로 가늘게 채(하리노리) 썰어 놓는다.

06 소바(메밀) 면 삶기

- 끓는 물에 메밀면을 넣고 끓어오르면 찬물을 3~4번 넣어 가며 쫄깃하게 삶는다.

07 소바(메밀)면 사리짓기

- 삶은 메밀국수는 찬물에 비벼 씻어 헹군 후 마지막에 얼음 물에 담갔다가 사리를 지어 김발 위에 담고 채 썬 김을 얹는다.

  제출 직전에 올리기.

08 완성품 담기

- 메밀국수와 양념(야꾸미), 소바다시(메밀국수 국물)를 각각 따로 담아 완성한다.

1. 소바다시(메밀국수 국물)는 얼음물에 차갑게 냉각시킨다.
2. 메밀면
   - 면을 삶을 때 찬물을 3~4번 넣어 가며 탄력 있게 삶는다.
   - 삶은 면은 헹굴 때 두 손으로 비벼 씻어 전분기를 없애고 마지막에 얼음물에 헹궈 사리를 짓는다.
3. 채 썬 김은 제출 직전에 올려서 눅눅해지지 않도록 한다.

NCS능력단위 **구이조리**

삼치소금구이

(さわらのしおやき : 사와라노시오야키)

시험시간 **30분**

삼치소금구이는 싱싱한 삼치를 손질하여 소금을 뿌려 두었다가 쇠꼬챙이에 끼워 노릇노릇하게 구워준 후 레몬과 우엉조림, 무 초담금(국화꽃모양)을 곁들임으로 함께 낸 담백한 구이요리이다.

감독관의 중점 체크 포인트

- 삼치 손질하여 소금 뿌리기 체크(세장뜨기하여 칼집 넣고 소금 뿌리기)
- 삼치 쇠꼬챙이 꽂기 체크(힘을 받기 위해 모아지게 끼우기)
- 곁들임 재료 준비하기 체크(무 초담금, 우엉조림, 레몬)

용어설명

- 사와라(さわら) : 삼치
- 시오야키(しおやき) : 소금구이

요구사항

※ 주어진 재료를 사용하여 다음과 같이 삼치소금구이를 만드시오.

가. 삼치는 세장뜨기한 후 소금을 뿌려 10~20분 후 씻고 쇠꼬챙이에 끼워 구워내시오.
나. 채소는 각각 초담금 및 조림을 하시오.
다. 구이 그릇에 삼치소금구이와 곁들임을 담아 완성하시오.
라. 길이 10cm 크기로 2조각을 제출하시오.

수험자 유의사항

1. 만드는 순서에 유의하며, 위생과 숙련된 기능평가를 위하여 조리작업 시 맛을 보지 않습니다.
2. 지정된 수험자 지참 준비물 이외의 조리기구나 재료를 시험장 내에 지참할 수 없습니다.
3. 지급재료는 시험 전 확인하여 이상이 있을 경우 시험위원으로부터 조치를 받고 시험 중에는 재료의 교환 및 추가지급은 하지 않습니다.
4. 요구사항 및 지급재료의 규격은 "정도"의 의미를 포함하며, 재료의 크기에 따라 가감하여 채점합니다.
5. 위생복, 위생모, 앞치마, 마스크를 착용하여야 하며, 시험장비·조리도구 취급 등 안전에 유의합니다.
6. 다음 사항은 실격에 해당하여 채점대상에서 제외됩니다.
   가) 수험자 본인이 시험 도중 시험에 대한 포기 의사를 표현하는 경우
   나) 위생복, 위생모, 앞치마, 마스크를 착용하지 않은 경우
   다) 시험시간 내에 과제 두 가지를 제출하지 못한 경우
   라) 문제의 요구사항대로 과제의 수량이 만들어지지 않은 경우
   마) 완성품을 요구사항의 과제(요리)가 아닌 다른 요리(예, 달걀말이 → 달걀찜)로 만든 경우
   바) 불을 사용하여 만든 조리작품이 작품 특성에 벗어나는 정도로 타거나 익지 않은 경우
   사) 해당과제의 지급재료 이외 재료를 사용하거나, 요구사항의 조리기구(석쇠 등)로 완성품을 조리하지 않은 경우
   아) 지정된 수험자지참물 이외의 조리기술에 영향을 줄 수 있는 기구를 사용한 경우
   자) 가스레인지 화구 2개 이상(2개 포함) 사용한 경우
   차) 시험 중 시설·장비(칼, 가스레인지 등) 사용 시 시험위원 및 타 수험자의 시험 진행에 위해를 일으킬 것으로 시험위원 전원이 합의하여 판단한 경우
   카) 요구사항에 표시된 실격 및 부정행위에 해당하는 경우
7. 항목별 배점은 위생상태 및 안전관리 5점, 조리기술 30점, 작품의 평가 15점입니다.
8. 시험시작 전 가벼운 몸 풀기(스트레칭) 동작으로 긴장을 풀고 시험을 시작합니다.

지급재료목록

삼치(400~450g) 1/2마리, 레몬 1/4개, 깻잎 1장, 소금(정제염) 30g, 무 50g, 우엉 60g, 식용유 10ml, 식초 30ml, 건다시마(5×10cm) 1장, 진간장 30ml, 흰설탕 30g, 청주 15ml, 맛술(미림) 10ml, 흰참깨(볶은 것) 2g, 쇠꼬챙이(30cm) 3개

 무 초담금
물 2큰술, 식초 2큰술, 흰설탕 1큰술, 소금 1작은술

 우엉 조림장
다시마 다시(다시물) 1/2컵, 진간장 1큰술, 흰설탕 1큰술, 청주 1큰술, 맛술(미림) 1작은술

> 짝을 지어 잘 나오는 문제 묶어서 공부해 보세요.
> 해삼초회 72p, 문어초회 68p, 메밀국수(자루소바) 84p, 대합 맑은국 56p

조리과정

01 다시마 다시 만들기
- 다시마는 젖은 면보로 앞, 뒤를 닦고 국물이 잘 우러나도록 칼집을 넣어 물 1컵을 넣고 약불에서 끓여 끓기 시작하면 불을 끄고 다시마를 건져 다시마 다시를 준비한다.

02 삼치 손질하기
- 삼치는 머리를 자르고 배를 갈라서 내장을 제거하고 씻어 물기를 닦고 세장뜨기를 한다.
- 손질된 삼치를 길이 10cm 크기로 2조각을 준비하여 껍질 쪽에 X자 칼집을 넣고 앞, 뒤로 소금을 뿌려 10~20분 정도 재운다.

03 우엉, 레몬, 깻잎 준비하기
- 우엉은 칼등으로 긁어서 껍질을 제거하고 길이 5cm 정도로 잘라 나무젓가락 두께로 등분한다.
- 레몬은 껍질의 일부를 벗겨 잘게 다지고 양 끝을 정리하여 반달 모양으로 준비한다.
- 깻잎은 찬물에 담가 둔다.

04 무 국화꽃 모양 만들기
- 무는 사방 4cm 크기의 주사위 모양으로 썰어 밑동이 잘리지 않도록 깊이 2cm로 가로, 세로로 칼집을 넣어 소금에 절인 후 무 초담금 (물 2큰술, 식초 2큰술, 흰설탕 1큰술, 소금 1작은술)에 담가 맛을 들인다.
- 맛이 든 무 초담금은 끊어지지 않도록 슬며시 짜서 국화꽃 모양으로 펴준 후 가운데 레몬껍질 다진 것을 얹어 장식한다.

시험장에서의 조리작업 순서

다시마 다시(다시물) 만들기 ➡ 삼치 손질하고(세장뜨기 : 앞, 뒤살 2장, 뼈 1장) 소금 뿌리기 ➡ 우엉, 레몬, 깻잎 준비하기 ➡ 무 국화꽃 모양 만들어 초담금에 절이기 ➡ 우엉 조림하기 ➡ 삼치 살짝 씻어 웃소금 뿌리기 ➡ 삼치 쇠꼬챙이 끼워 굽기 ➡ 담기(삼치 껍질이 위로 오게)

05 우엉조림

- 준비된 우엉은 냄비에 우엉 조림장 (다시마 다시 : 다시물) 1/2컵, 진간장 1큰술, 흰설탕 1큰술, 청주 1큰술, 맛술(미림) 1작은술을 넣고 윤기 나게 조려서 우엉 끝 쪽에 흰 참깨를 묻혀서 준비한다.

06 삼치 쇠꼬챙이 끼우기

- 소금 간이 밴 삼치는 살짝 씻어서 물기를 제거하고 다시 껍질쪽에 웃소금을 살짝 뿌려 쇠꼬챙이(구시)를 끼운다.

  쇠꼬챙이는 힘을 받고 부서지지 않게 하기 위해 모아지게 끼워 준다.

07 삼치 굽기

- 삼치의 껍질 쪽부터 노릇하게 완전히 구워 생선 살이 부서지지 않도록 쇠꼬챙이를 살짝 돌려주면서 뺀다.

08 완성품 담기

- 접시에 깻잎을 크기에 따라 적당하게 잘라 놓고 삼치구이의 껍질이 위로 오도록 2조각 담고 무 초담금과 우엉조림, 레몬을 곁들여낸다.

1. 삼치
- 삼치는 1/2등분하여 머리부분 또는 꼬리 부분이 지급될 수 있는데 머리 부분은 머리와 내장을 제거한 후 씻어서 물기를 제거한 뒤 세장뜨기하고 꼬리 부분은 씻어서 물기 제거 후 세장뜨기를 하여 길이 10cm로 2조각을 준비하여 사용한다.
- 생선 세장뜨기는 앞과 뒤의 살 2장과 뼈 1장이 나오도록 하는 생선 포 뜨기 방법이다.
- 쇠꼬챙이를 끼울 때 일직선(수평)으로 꽂으면 손으로 잡을 때 살이 부스러지므로 손으로 잡는 부분부터 각각 사선으로 나가 모아지게 꽂아 굽도록 한다.

2. 곁들임
- 무 국화꽃 모양은 시간 절약을 위해 만들어서 소금에 절이지 않고 담금초에 바로 담갔다가 사용해도 무방하다.
- 우엉은 껍질을 벗긴 후에 크기에 맞게 잘라 찬물에 담가 아린 맛을 제거하고 사용하며 조림 마지막에 윤기를 내주기 위해 센 불에서 잠시 뒤적거리며 조린다.

3. 담기 : 삼치의 껍질이 위로 오도록 담아낸다.

NCS능력단위 **구이조리**

12 소고기간장구이

(ぎゅうにくのでりやき : 규우니쿠노데리야키)

시험시간 **20분**

연한 소고기 등심에 간장과 맛술 등으로 맛을 내어 조린 양념간장(다래)를 발라서 구운 요리로 소고기의 감칠맛과 양념간장의 어우러짐이 풍미가 좋아 반찬이나 술안주로 이용된다.

감독관의 중점 체크 포인트

- 소고기 손질 상태 체크(두들기고 칼집을 넣어 부드럽게 준비하기)
- 소고기 익힘 정도 체크(가운데가 약간 덜 익은 중간 익히기 정도)
- 생강채(하리쇼가) 준비상태 체크(가늘고 길게 썰어 찬물에 담그기)

용어설명

- 규우니쿠(ぎゅうにく) : 소고기
- 데리야키(でりやき) : 간장을 주재료로하고 청주, 설탕 등을 넣어 만든 양념을 발라 윤이 나게 굽는 방법
- 하리쇼가(はりしょが) : 하리=바늘, 쇼가=생강, 바늘처럼 가늘게 썬 생강을 냉수에 헹궈 낸 것

요구사항

※ 주어진 재료를 사용하여 다음과 같이 소고기 간장구이를 만드시오.

가. 양념간장(다래)과 생강채(하리쇼가)를 준비하시오.
나. 소고기를 두께 1.5cm, 길이 3cm로 자르시오.
다. 프라이팬에 구이를 한 다음 양념간장(다래)을 발라 완성하시오.

수험자 유의사항

1. 만드는 순서에 유의하며, 위생과 숙련된 기능평가를 위하여 조리작업 시 맛을 보지 않습니다.
2. 지정된 수험자 지참 준비물 이외의 조리기구나 재료를 시험장 내에 지참할 수 없습니다.
3. 지급재료는 시험 전 확인하여 이상이 있을 경우 시험위원으로부터 조치를 받고 시험 중에는 재료의 교환 및 추가지급은 하지 않습니다.
4. 요구사항 및 지급재료의 규격은 "정도"의 의미를 포함하며, 재료의 크기에 따라 가감하여 채점합니다.
5. 위생복, 위생모, 앞치마, 마스크를 착용하여야 하며, 시험장비·조리도구 취급 등 안전에 유의합니다.
6. 다음 사항은 실격에 해당하여 채점대상에서 제외됩니다.
    가) 수험자 본인이 시험 도중 시험에 대한 포기 의사를 표현하는 경우
    나) 위생복, 위생모, 앞치마, 마스크를 착용하지 않은 경우
    다) 시험시간 내에 과제 두 가지를 제출하지 못한 경우
    라) 문제의 요구사항대로 과제의 수량이 만들어지지 않은 경우
    마) 완성품을 요구사항의 과제(요리)가 아닌 다른 요리(예, 달걀말이 → 달걀찜)로 만든 경우
    바) 불을 사용하여 만든 조리작품이 작품 특성에 벗어나는 정도로 타거나 익지 않은 경우
    사) 해당과제의 지급재료 이외 재료를 사용하거나, 요구사항의 조리기구(석쇠 등)로 완성품을 조리하지 않은 경우
    아) 지정된 수험자지참물 이외의 조리기술에 영향을 줄 수 있는 기구를 사용한 경우
    자) 가스레인지 화구 2개 이상(2개 포함) 사용한 경우
    차) 시험 중 시설·장비(칼, 가스레인지 등) 사용 시 시험위원 및 타 수험자의 시험 진행에 위해를 일으킬 것으로 시험위원 전원이 합의하여 판단한 경우
    카) 요구사항에 표시된 실격 및 부정행위에 해당하는 경우
7. 항목별 배점은 위생상태 및 안전관리 5점, 조리기술 30점, 작품의 평가 15점입니다.
8. 시험시작 전 가벼운 몸 풀기(스트레칭) 동작으로 긴장을 풀고 시험을 시작합니다.

지급재료목록

소고기(등심, 덩어리) 160g, 건다시마(5×10cm) 1장, 통생강 30g, 검은후춧가루 5g, 진간장 50ml, 산초가루 3g, 청주 50ml, 소금(정제염) 20g, 식용유 100ml, 흰설탕 30g, 맛술(미림) 50ml, 깻잎 1장

 양념간장(다래)
다시마 다시 4큰술, 진간장 2큰술, 흰설탕 2큰술, 청주 2큰술, 맛술(미림) 2큰술

 짝을 지어 잘 나오는 문제 묶어서 공부해 보세요.
달걀찜 108p, 소고기덮밥 76p, 생선초밥 112p

조리과정

01 다시마 다시(다시물) 만들기

- 다시마는 젖은 면보로 앞, 뒤를 닦고 국물이 잘 우러나도록 칼집을 넣어 물 1컵을 넣고 약불에서 끓여 끓기 시작하면 불을 끄고 다시마를 건져 다시마 다시(다시물)를 준비한다.

02 생강채(하리쇼가), 깻잎 준비

- 생강채(하리쇼가) : 길고 곱게 채 썰어 찬물에 담가 놓는다.
- 깻잎은 싱싱하게 찬물에 담가 둔다.

03 양념간장(다래) 만들기

- 냄비에 다시마 다시(다시물) 4큰술, 진간장 2큰술, 흰설탕 2큰술, 청주 2큰술, 맛술(미림) 2큰술을 넣고 1/2로 조려서 양념간장(다래)을 만든다.

04 소고기 손질하기

- 소고기는 지방이나 막을 제거하고 1.5cm 두께로 준비하여 칼등으로 잘 두들겨주고 칼끝으로 콕콕 찍어 결의 반대로 칼집을 넣어 부드럽게 준비한 후 소금과 검은 후추를 살짝 뿌려 놓는다.

시험장에서의 **조리작업 순서**

다시마 다시(다시물) 준비 ➡ 생강채(하리쇼가) 준비 ➡ 양념간장(다래) 만들기 ➡ 소고기 손질하여 밑간하기 ➡ 소고기 앞, 뒤 초벌구이하기 ➡ 소고기 양념간장(다래) 발라 굽기 ➡ 소고기 어슷썰기 ➡ 담기(산초가루 뿌리고 생강채 곁들이기)

05 소고기 앞, 뒤 초벌구이하기

- 프라이팬을 달궈 소량의 기름을 두르고 소고기의 양면을 강한 불로 익힌 후 핏물이 나오지 않으면 불을 줄인다.

06 양념간장(다래) 발라 굽기

- 05 에 양념간장(다래)을 조금씩 앞, 뒤로 3회 정도 바르면서 약한 불로 천천히 구워 가운데가 약간 덜 익은 정도(미디엄)로 윤기 있게 구워준다.

07 소고기 어슷썰기

- 구워진 고기는 두께 1.5cm, 길이 3cm 정도 크기로 어슷하게 썬다.

08 완성품 담기

- 접시에 깻잎을 크기에 따라 적당하게 잘라 놓고 썬 고기를 모양 그대로 옮겨 담고 산초가루를 살짝 뿌린 후 생강채(하리쇼가)의 물기를 짜서 곁들여 완성한다.

1. 고기
- 고기가 부드럽게 하기 위해 충분히 두들기고 칼집을 넣어 준비한다.

2. 양념간장(다래)
- 간장이 타지 않도록 중불 이하에서 서서히 조린다.

3. 구이
- 구이 시 소스를 나누어서 여러 번 발라 가며 구워야 맛과 색이 좋고 타지 않는다.
- 중간 익히기 정도로 고기를 굽고 너무 익히면 고기가 질기고 맛이 떨어진다.

4. 생강채(하리쇼가)
- 하리는 바늘, 쇼가는 생강을 뜻하며 바늘 굵기의 생강채를 뜻한다. 물로 씻어 매운맛을 빼고 생선조림이나 구이 등에 곁들여 냄새를 중화시키고 입가심 등의 역할을 해준다.

NCS능력단위 **구이조리**

전복버터구이

(あわびのバターやき : 아와비노바타야키)

 시험시간 **25분**

저지방 고단백 식품으로 비타민과 미네랄이 풍부한 신선한 전복과 채소를 곁들여 버터에 볶은 요리로 버터의 풍미와 전복의 바다향 내음이 어우러진 일품요리이다.

감독관의 중점 체크 포인트

- 전복 껍질과 살, 내장 분리하기 체크(전복의 이빨 쪽에서 수저를 넣어 분리하기)
- 전복 모래주머니 제거하기 체크
- 전복살 썰기 체크(어슷하게 한입 크기로 썰기)
- 전복 볶기 체크(버터를 넣고 타지 않게 불 조절하기)

용어설명

- 아와비(あわび) : 전복
- 바타야키(バターやき) : 버터를 사용한 구이요리

요구사항

※ 주어진 재료를 사용하여 다음과 같이 전복버터구이를 만드시오.

가. 전복은 껍질과 내장을 분리하고 칼집을 넣어 한입 크기로 어슷하게 써시오.
나. 내장은 모래주머니를 제거하고 데쳐 사용하시오.
다. 채소는 전복의 크기로 써시오.
라. 은행은 속껍질을 벗겨 사용하시오.

수험자 유의사항

1 만드는 순서에 유의하며, 위생과 숙련된 기능평가를 위하여 조리작업 시 맛을 보지 않습니다.
2 지정된 수험자 지참 준비물 이외의 조리기구나 재료를 시험장 내에 지참할 수 없습니다.
3 지급재료는 시험 전 확인하여 이상이 있을 경우 시험위원으로부터 조치를 받고 시험 중에는 재료의 교환 및 추가지급은 하지 않습니다.
4 요구사항 및 지급재료의 규격은 "정도"의 의미를 포함하며, 재료의 크기에 따라 가감하여 채점합니다.
5 위생복, 위생모, 앞치마, 마스크를 착용하여야 하며, 시험장비·조리도구 취급 등 안전에 유의합니다.
6 다음 사항은 실격에 해당하여 채점대상에서 제외됩니다.
   가) 수험자 본인이 시험 도중 시험에 대한 포기 의사를 표현하는 경우
   나) 위생복, 위생모, 앞치마, 마스크를 착용하지 않은 경우
   다) 시험시간 내에 과제 두 가지를 제출하지 못한 경우
   라) 문제의 요구사항대로 과제의 수량이 만들어지지 않은 경우
   마) 완성품을 요구사항의 과제(요리)가 아닌 다른 요리(예, 달걀말이 → 달걀찜)로 만든 경우
   바) 불을 사용하여 만든 조리작품이 작품 특성에 벗어나는 정도로 타거나 익지 않은 경우
   사) 해당과제의 지급재료 이외 재료를 사용하거나, 요구사항의 조리기구(석쇠 등)로 완성품을 조리하지 않은 경우
   아) 지정된 수험자지참물 이외의 조리기술에 영향을 줄 수 있는 기구를 사용한 경우
   자) 가스레인지 화구 2개 이상(2개 포함) 사용한 경우
   차) 시험 중 시설·장비(칼, 가스레인지 등) 사용 시 시험위원 및 타 수험자의 시험 진행에 위해를 일으킬 것으로 시험위원 전원이 합의하여 판단한 경우
   카) 요구사항에 표시된 실격 및 부정행위에 해당하는 경우
7 항목별 배점은 위생상태 및 안전관리 5점, 조리기술 30점, 작품의 평가 15점입니다.
8 시험시작 전 가벼운 몸 풀기(스트레칭) 동작으로 긴장을 풀고 시험을 시작합니다.

지급재료목록

전복(2마리, 껍질포함) 150g, **청차조기잎(시소)**(깻잎으로 대체 가능) 1장, **양파**(중,150g) 1/2개, **청피망**(중, 75g) 1/2개
청주 20ml, **은행**(중간 크기) 5개, **버터** 20g, **검은후춧가루** 2g, **소금**(정제염) 40g, **식용유** 30ml

 짝을 지어 잘 나오는 문제 묶어서 공부해 보세요.

메밀국수(자루소바) 84p, 달걀말이 100p

조리과정

01 전복 손질하기
- 청차조기잎(또는 깻잎)은 싱싱하게 찬물에 담가놓는다.
- 전복은 소금을 얹어 살을 수축시키고 살살 비벼서 끈끈한 점액질과 이물질을 제거하고 씻는다.

02 전복 껍질과 살 분리하기
- 전복의 이빨 쪽에 숟가락을 넣어 패근을 떼어 껍질과 분리한다. 이때 내장이 터지지 않도록 주의한다.

03 전복 내장 분리하고 이빨 제거하기
- 전복 몸통에서 내장을 발라내고 입 부위의 끝을 잘라서 이빨을 제거한다.

04 전복 모래주머니 제거하기
- 전복 내장에 붙어있는 모래주머니를 제거한 후 내장은 끓는 물에 데쳐놓는다.

조리작업 순서

청차조기잎(또는 깻잎) 찬물에 담그기 ➡ 전복 소금으로 비벼 씻기 ➡ 전복 껍질과 살 분리하기 ➡ 전복 몸통에서 내장 발라내고 이빨 제거하기 ➡ 전복 내장에서 모래주머니 제거하기 ➡ 전복 내장 데치기 ➡ 전복살 칼집 넣어 어슷썰기 ➡ 양파와 피망 썰기 ➡ 은행 볶아 껍질 제거하기 ➡ 전복 볶음하기 ➡ 담기

05 전복 어슷썰기
- 패근에 0.3cm 간격으로 길게 잔 칼집을 넣고 칼집의 반대 방향으로 한입 크기로 어슷하게 물결무늬 칼집을 넣으며 저며썰어 준다.

06 양파와 피망, 은행 준비하기
- 양파와 피망은 2.5×3cm로 전복 크기로 썬다.
- 은행은 팬에 기름을 두르고 볶아 껍질을 벗겨 놓는다.

07 전복과 재료 볶기
- 팬에 기름을 두르고 양파부터 볶으면서 전복과 피망, 청주를 넣어 잠시 볶다가 버터를 넣고 은행, 전복 내장을 넣어 살짝 볶은 후 소금과 후추로 간을 한다.

08 완성품 담기
- 접시에 물기를 제거한 청차조기잎(시소)(또는 깻잎)을 깔고 완성된 전복버터구이를 보기 좋게 담는다.

참고사항

1. 전복
- 수저로 전복을 분리할 때 껍질의 끝이 날카로워 손을 다치지 않도록 주의한다.
- 내장에서 모래주머니를 제거한 후 끓는 물에 데쳐서 사용해야 볶음이 깨끗하다.
- 전복 살을 물결무늬로 썰면 부드럽게 전복을 먹을 수 있다.

2. 볶기
- 전복부터 볶으면 질겨지므로 양파부터 볶아준다.
- 버터는 발연점이 낮기 때문에 온도를 낮추어 살짝 볶는다.
- 내장을 나중에 넣어야 볶음의 색상이 깨끗하다.

NCS능력단위 **구이조리**

14 달걀말이

(だし-まきたまご : 다시마끼타마고)

 시험시간 **25분**

일본 달걀말이는 맛술과 설탕을 넣어 단맛이 나고 가다랑어 국물(가쓰오다시)를 넣어 독특한 향과 감촉이 부드러운 것이 특징으로 일본사람들이 좋아하는 음식 중에 하나이다.

감독관의 중점 체크 포인트

- 달걀말이 팬 사용하는 자세 체크(사각팬의 끝을 살짝 들어서 동시에 젓가락을 이용해서 달걀말이를 뒤집는다)
- 달걀의 색상과 썰어 놓았을 때 틈새가 있는지 체크(온도는 약불로 조절하고 달걀이 익기 전에 뒤집어야 틈새가 안 생김)
- 달걀을 말 때 주걱이나 손을 사용하는지 체크(주걱이나 손 사용 시 감점 처리됨/젓가락 사용)
- 규격에 맞게 말아서 썰었는지 체크

용어설명

- 다시(だし) – 맛국물 : 다시마 · 가다랑어포 · 멸치 등을 끓여 우린 국물
- 마끼(まき) : 감다, 말다
- 타마고(たまご) : 달걀

요구사항

※ 주어진 재료를 사용하여 다음과 같이 달걀말이를 만드시오.

가. 달걀과 가다랑어 국물(가쓰오다시), 소금, 설탕, 맛술(미림)을 섞은 후 체에 걸러 사용하시오.
나. 젓가락을 사용하여 달걀말이를 한 후 김발을 이용하여 사각모양을 만드시오.
　　(단, 달걀을 말 때 주걱이나 손을 사용할 경우 감점 처리됩니다.)
다. 길이 8cm, 높이 2.5cm, 두께 1cm로 썰어 8개를 만들고, 완성되었을 때 틈새가 없도록 하시오.
라. 달걀말이(다시마끼)와 간장무즙을 접시에 보기 좋게 담아내시오.

수험자 유의사항

1. 만드는 순서에 유의하며, 위생과 숙련된 기능평가를 위하여 조리작업 시 맛을 보지 않습니다.
2. 지정된 수험자 지참 준비물 이외의 조리기구나 재료를 시험장 내에 지참할 수 없습니다.
3. 지급재료는 시험 전 확인하여 이상이 있을 경우 시험위원으로부터 조치를 받고 시험 중에는 재료의 교환 및 추가지급은 하지 않습니다.
4. 요구사항 및 지급재료의 규격은 "정도"의 의미를 포함하며, 재료의 크기에 따라 가감하여 채점합니다.
5. 위생복, 위생모, 앞치마, 마스크를 착용하여야 하며, 시험장비·조리도구 취급 등 안전에 유의합니다.
6. 다음 사항은 실격에 해당하여 **채점대상에서 제외**됩니다.
   가) 수험자 본인이 시험 도중 시험에 대한 포기 의사를 표현하는 경우
   나) 위생복, 위생모, 앞치마, 마스크를 착용하지 않은 경우
   다) 시험시간 내에 과제 두 가지를 제출하지 못한 경우
   라) 문제의 요구사항대로 과제의 수량이 만들어지지 않은 경우
   마) 완성품을 요구사항의 과제(요리)가 아닌 다른 요리(예, 달걀말이 → 달걀찜)로 만든 경우
   바) 불을 사용하여 만든 조리작품이 작품 특성에 벗어나는 정도로 타거나 익지 않은 경우
   사) 해당과제의 지급재료 이외 재료를 사용하거나, 요구사항의 조리기구(석쇠 등)로 완성품을 조리하지 않은 경우
   아) 지정된 수험자지참물 이외의 조리기술에 영향을 줄 수 있는 기구를 사용한 경우
   자) 가스레인지 화구 2개 이상(2개 포함) 사용한 경우
   차) 시험 중 시설·장비(칼, 가스레인지 등) 사용 시 시험위원 및 타 수험자의 시험 진행에 위해를 일으킬 것으로 시험위원 전원이 합의하여 판단한 경우
   카) 요구사항에 표시된 실격 및 부정행위에 해당하는 경우
7. 항목별 배점은 위생상태 및 안전관리 5점, 조리기술 30점, 작품의 평가 15점입니다.
8. 시험시작 전 가벼운 몸 풀기(스트레칭) 동작으로 긴장을 풀고 시험을 시작합니다.

지급재료목록

달걀 6개, **흰설탕** 20g, **건다시마**(5×10cm) 1장, **소금**(정제염) 10g, **식용유** 50ml, **가다랑어포**(가쓰오부시) 10g, **맛술**(미림) 20ml, **무** 100g, **진간장** 30ml, **청차조기잎**(시소)(깻잎으로 대체가능) 2장

달걀물 혼합

가다랑어 국물(가쓰오다시) 1/2컵, 흰설탕 1큰술, 맛술(미림) 1큰술, 소금 1/2작은술

 짝을 지어 잘 나오는 문제 묶어서 공부해 보세요.
　　우동볶음(야키우동) 80p, 전복버터구이 96p, 갑오징어 명란무침 48p

조리과정

01 깻잎 찬물에 담그기/가다랑어 국물(가쓰오다시) 만들기

- 깻잎(또는 시소)은 찬물에 담가 싱싱하게 준비한다.
- 다시마는 젖은 면보로 앞, 뒤를 닦고 국물이 잘 우러나도록 칼집을 넣어 냄비에 찬물 1컵을 넣고 서서히 약불에서 끓인다. 물이 끓어오르면 불을 끄고 다시마를 건진 후 가다랑어포(가쓰오부시)를 넣어 2~5분 정도 후에 면보에 거른다.

02 달걀물 만들기

- 달걀에 식힌 가다랑어 국물(가쓰오다시) 1/2컵, 흰설탕 1큰술, 맛술(미림) 1큰술, 소금 1/2작은술을 넣고 잘 풀어 체에 거른다.

03 달걀말이(다시마끼) 말기

- 사각 팬을 달궈서 기름을 두르고 여분의 기름은 따라 낸 후 키친타올로 닦는다. 여기에 달걀물을 고르게 붓고 달걀물이 익기 전(익으면 갈라지고 틈새가 생김)에 팬의 끝을 살짝 세워서 안쪽으로 젓가락을 사용하여 말기 시작한다.

04 달걀말이 말기

- 다 말리면 살살 눌러 기포를 빠지게 하고 모양을 잡아준 후 다시 끝쪽으로 밀어놓고 손잡이 쪽에서 달걀물을 다시 붓고 달걀물이 달걀말이 밑으로 들어가서 연결되도록 달걀말이를 살짝 들어 넣어주며 연결하여 다시 말기를 3~4회 반복한다.
- 달걀말이 높이가 2.5cm 정도 되게 말아준다.

시험장에서의 조리작업 순서

깻잎(또는 시소) 찬물에 담그기 ➡ 가다랑어 국물(가쓰오다시) 만들어 식히기 ➡ 달걀물 만들기(가다랑어 국물(가쓰오다시) 1/2컵, 흰설탕 1큰술, 맛술(미림) 1큰술, 소금 1/2작은술) ➡ 달걀물 체에 거르기 ➡ 달걀말이 팬 코팅시키기 ➡ 달걀말이 만들기 ➡ 김발에서 사각모양 잡아 식히기 ➡ 무 강판에 갈아 찬물에 헹궈 모양 잡기 ➡ 간장무즙 만들기 ➡ 달걀말이 썰기 ➡ 달걀말이 담기(간장무즙 곁들이기)

05 달걀말이 모양 잡기
- 04 의 완전히 말린 달걀말이를 김발로 옮겨서 말아 사각으로 모양을 잡아 그대로 식힌다.

06 간장무즙 만들기
- 깻잎(또는 시소)은 크기에 따라 적당하게 잘라 놓는다.
- 무는 강판에 갈아서 찬물에 살짝 씻어 물기를 가볍게 제거한 다음 간장으로 간을 하고 색을낸다.

07 달걀말이 썰기
- 식은 달걀말이를 높이 2.5cm, 두께 1cm로 8쪽으로 썬다.

08 완성품 담기
- 접시에 깻잎(또는 시소)을 깔고 달걀말이 8쪽을 올린 후 간장무즙을 곁들여 낸다.

1. 가다랑어포(가쓰오부시)
- 가쓰오부시는 끓이기 보다는 뜨거운 물에 넣어 맛을 우려내므로 불을 끄고 넣은 후 2~5분 후에 걸러 사용한다.

2. 달걀말이
- 불의 온도는 달걀물을 넣은 후에는 약불에서 말아야 타지 않는다.
- 달걀물이 익기 전에 말아야 틈새가 생기지 않게 말리며 깨지지 않는다.
- 팬의 끝부분을 살짝 들면서 동시에 젓가락을 이용해서 달걀말이를 살짝 뒤집으면 잘 뒤집힌다.
- 달걀을 말 때 주걱이나 손을 사용 할 경우 감점 처리되므로 나무젓가락만 사용한다.

NCS능력단위 **찜조리**

15 도미술찜

(たいのさかむし : 다이노사카무시)

 시험시간 **30분**

지방이 적고 단백질이 풍부하여 그 맛이 담백한 도미는 일본사람들에게 사랑받는 생선으로 도미술찜은 도미와 각종 채소를 데쳐서 모양내어 담고 술을 뿌려 찜한 요리로 도미와 채소의 담백한 맛과 향이 어우러진 일품요리이다.

감독관의 중점 체크 포인트

- 도미 손질하여 데치기 체크
- 완성된 찜의 형태 체크 (익히는 정도에 유의한다)

용어설명

- 다이(たい) : 도미
- 사카무시(さかむし) : 소금을 뿌린 어패류에 술을 쳐서 찐 요리
- 폰즈(ポンず) : 감귤류의 과즙을 이용한 일식 조미료로 폰즈에 간장을 섞은 '폰즈 간장'도 일반적으로 '폰즈'라고 줄여서 부름
- 야꾸미(やくみ) : 음식에 곁들이는 양념

요구사항

※ **주어진 재료를 사용하여 다음과 같이 도미술찜을 만드시오.**

가. 머리는 반으로 자르고, 몸통은 세장뜨기 하시오.
나. 손질한 도미살을 5~6cm로 자르고 소금을 뿌려, 머리와 꼬리는 데친 후 불순물을 제거하시오.
다. 청주를 섞은 다시(국물)에 쪄내시오.
라. 당근은 매화꽃, 무는 은행잎 모양으로 만들어 익혀내시오.
마. 초간장(폰즈)과 양념(야꾸미)을 만들어 내시오.

수험자 유의사항

1. 만드는 순서에 유의하며, 위생과 숙련된 기능평가를 위하여 조리작업 시 맛을 보지 않습니다.
2. 지정된 수험자 지참 준비물 이외의 조리기구나 재료를 시험장 내에 지참할 수 없습니다.
3. 지급재료는 시험 전 확인하여 이상이 있을 경우 시험위원으로부터 조치를 받고 시험 중에는 재료의 교환 및 추가지급은 하지 않습니다.
4. 요구사항 및 지급재료의 규격은 "정도"의 의미를 포함하며, 재료의 크기에 따라 가감하여 채점합니다.
5. 위생복, 위생모, 앞치마, 마스크를 착용하여야 하며, 시험장비·조리도구 취급 등 안전에 유의합니다.
6. 다음 사항은 실격에 해당하여 **채점대상에서 제외**됩니다.
    가) 수험자 본인이 시험 도중 시험에 대한 포기 의사를 표현하는 경우
    나) 위생복, 위생모, 앞치마, 마스크를 착용하지 않은 경우
    다) 시험시간 내에 과제 두 가지를 제출하지 못한 경우
    라) 문제의 요구사항대로 과제의 수량이 만들어지지 않은 경우
    마) 완성품을 요구사항의 과제(요리)가 아닌 다른 요리(예, 달걀말이 → 달걀찜)로 만든 경우
    바) 불을 사용하여 만든 조리작품이 작품 특성에 벗어나는 정도로 타거나 익지 않은 경우
    사) 해당과제의 지급재료 이외 재료를 사용하거나, 요구사항의 조리기구(석쇠 등)로 완성품을 조리하지 않은 경우
    아) 지정된 수험자지참물 이외의 조리기술에 영향을 줄 수 있는 기구를 사용한 경우
    자) 가스레인지 화구 2개 이상(2개 포함) 사용한 경우
    차) 시험 중 시설·장비(칼, 가스레인지 등) 사용 시 시험위원 및 타 수험자의 시험 진행에 위해를 일으킬 것으로 시험위원 전원이 합의하여 판단한 경우
    카) 요구사항에 표시된 실격 및 부정행위에 해당하는 경우
7. 항목별 배점은 위생상태 및 안전관리 5점, 조리기술 30점, 작품의 평가 15점입니다.
8. 시험시작 전 가벼운 몸 풀기(스트레칭) 동작으로 긴장을 풀고 시험을 시작합니다.

지급재료목록

도미(200~250g) 1마리, 배추 50g, 당근(둥근모양으로 잘라서 지급) 60g, 무 50g, 판두부 50g, 생표고버섯(20g) 1개, 죽순 20g, 쑥갓 20g, 레몬 1/4개, 청주 30ml, 건다시마(5×10cm) 1장, 진간장 30ml, 식초 30ml, 고춧가루(고운것) 2g, 실파(1뿌리) 20g, 소금(정제염) 5g

 초간장(폰즈)
다시마 다시(다시물) 1큰술,
진간장 1큰술, 식초 1큰술

 양념(야꾸미)
빨간무즙(아까오로시)
: 무갈은 것+고춧가루
실파, 레몬

 술찜다시
다시마 다시(다시물) 2큰술,
청주 2큰술, 소금 1/4작은술

 짝을 지어 잘 나오는 문제 묶어서 공부해 보세요.
도미머리 맑은국 52p, 참치김초밥 116p, 김초밥 120p, 소고기덮밥 76p,
갑오징어 명란무침 48p

조리과정

01 다시마 다시(다시물) 만들기, 쑥갓 물에 담그기

- 다시마는 젖은 면보로 앞, 뒤를 닦고 국물이 잘 우러나도록 칼집을 넣어 냄비에 찬물 1컵 정도를 넣고 다시마를 넣어 약불에서 천천히 끓여 끓기 시작하면 다시마는 건져내고 불을 끈다

  > 건져낸 다시마는 술찜 바닥에 깔아서 다시 사용하므로 버리지 않도록 한다.

- 쑥갓은 찬물에 담가 싱싱하게 준비한다.

02 도미 손질

- 도미는 비늘과 아가미, 내장을 제거한 후 물로 씻고 머리, 몸통, 꼬리 부분으로 세 토막 낸다.
- 도미머리 : 세워서 머리를 왼손으로 잡고 윗입술 쪽에서 머리 위쪽으로 자른 후 반으로 쪼개어 2쪽을 만들어 소금을 뿌려 놓는다.
- 도미몸통 : 세장뜨기하여 X자 모양으로 칼집을 넣고 소금을 뿌린다.
- 꼬리 : 1쪽으로 준비 X자로 칼집을 내고 꼬리 끝은 V자로 모양을 내어 소금을 뿌려 놓는다.

03 도미 데치기

- 체에 도미머리와 꼬리를 얹고 젖은 면보를 꼭 짜서 덮어 따뜻한 물을 끼얹고 비늘과 불순물 등을 깨끗하게 제거한다.

04 찜재료 준비하기(배추, 무)

- 배추말이 : 배추와 쑥갓 대를 70~80% 데쳐서 김발 위에 배춧잎을 놓고 쑥갓 대을 얹어 말아서 양 끝을 정리하고 5cm 길이로 어슷하게 썬다.
- 무 은행잎 모양 : 양념(야꾸미)용으로 일부를 잘라 남겨두고 은행잎 모양으로 만들어 데친다.

시험장에서의 **조리작업 순서**

> 다시마 다시(다시물) 만들기 ➡ 쑥갓 물에 담그기 ➡ 도미 손질하여 소금 뿌리기 ➡ 찜재료 준비하기 ➡ 도미 데치기 ➡ 도미 찜하기 ➡ 폰즈와 야꾸미 만들기 ➡ 완성된 찜에 쑥갓 얹어내기

05 찜재료 준비하기(당근, 표고버섯, 두부, 죽순)

- 당근 매화꽃 : 당근을 오각형으로 자르고 칼집을 넣어 꽃잎을 떠내 매화꽃 모양으로 깎은 후 데쳐 놓는다.
- 표고버섯 : 기둥을 떼고 별 모양을 내어 데쳐 놓는다.
- 두부 : 3×4cm에 두께 1cm 크기로 썬다.
- 죽순 : 석회를 제거하고 데쳐서 빗살 모양으로 자른다.

06 초간장(폰즈)와 양념(야꾸미)준비하기

- 초간장(폰즈) : 다시마 다시(다시물) 1큰술, 진간장 1큰술, 식초 1큰술을 섞어 폰즈를 만든다.
- 양념(야꾸미) 만들기
  - 무 : 고운 강판에 갈아서 체에 밭쳐 냉수에 헹궈 슬며시 짠 후 고운 고춧가루로 색을 내서 빨간무즙(아까오로시)을 만든다.
  - 실파 : 흰 부분을 제거하고 파란 부분을 곱게 송송 썰어 찬물에 헹궈 물기를 제거한다.
  - 레몬 : 0.3cm 정도의 두께로 반달썰기 한다.

07 도미술찜 만들기

- 술찜 다시 : 냄비에 청주 2큰술을 넣고 알코올을 제거하고 다시마 다시(다시 물) 2큰술, 소금 1/4작은술로 간하여 준비한다.
- 찜 그릇에 다시마를 깔고 배추말이를 뒤쪽, 무와 두부를 양옆에 놓고 데친 도미를 가운데 담은 후 죽순과 당근, 표고버섯을 가지런히 담고 술찜 다시를 끼얹어 호일로 윗부분을 싸서 약 10분 정도 찐 다음 마지막에 쑥갓을 올려 완성한다.

08 완성품 담기

- 완성된 도미술찜과 초간장(폰즈), 양념(야꾸미)을 곁들여 낸다.

1. 도미
- 도미 손질 시 잔가시까지 모두 제거해서 사용한다.
- 도미를 그릇에 담을 때 껍질이 위로 오도록 담는다.

2. 죽순
- 빗살 무늬 사이의 석회질을 제거하고 사용한다.

3. 양념(야꾸미)
- 무를 갈 때 고운 강판으로 갈아 물에 살짝 헹궈서 물기를 짜고 고운 고춧가루를 한번에 모두 넣지 말고 색을 보아가며 넣어 뭉치지 않고 자연스러운 단풍색이 나도록 빨간무즙(아까오로시)을 만든다.

NCS능력단위 **찜 조리**

16 달걀찜

(ちゃわんむし : 차완무시)

 시험시간 **30분**

달걀찜은 달걀을 이용한 가장 대표적인 일본 찜요리로 가다랑어포(가쓰오부시)로 다시를 만들고 담백한 식재료들을 데쳐서 달걀과 함께 부드럽게 쪄낸 음식이다.

감독관의 중점 체크 포인트

- 찜 속 재료 처리 체크
- 완성된 달걀찜의 표면상태 체크(부풀어 오르지 않고 기포가 없으면서 익었는지 여부)

용어설명

- 차완(ちゃわん) : 찻종, 밥공기, 큰 술잔
- 무시(むし) : 찜
- 차완무시(ちゃわんむし) : 달걀찜
- 타마고(たまご) : 달걀

요구사항

※ **주어진 재료를 사용하여 다음과 같이 달걀찜을 만드시오.**

가. 은행은 삶고, 밤은 구워서 사용하시오.
나. 간장으로 밑간한 닭고기와 나머지 재료는 1cm 크기로 썰어 데쳐서 사용하시오.
다. 가다랑어포로 다시(국물)를 만들어 식혀서 달걀과 섞으시오.
라. 레몬껍질과 쑥갓을 올려 마무리하시오.

수험자 유의사항

1. 만드는 순서에 유의하며, 위생과 숙련된 기능평가를 위하여 조리작업 시 맛을 보지 않습니다.
2. 지정된 수험자 지참 준비물 이외의 조리기구나 재료를 시험장 내에 지참할 수 없습니다.
3. 지급재료는 시험 전 확인하여 이상이 있을 경우 시험위원으로부터 조치를 받고 시험 중에는 재료의 교환 및 추가지급은 하지 않습니다.
4. 요구사항 및 지급재료의 규격은 "정도"의 의미를 포함하며, 재료의 크기에 따라 가감하여 채점합니다.
5. 위생복, 위생모, 앞치마, 마스크를 착용하여야 하며, 시험장비·조리도구 취급 등 안전에 유의합니다.
6. 다음 사항은 실격에 해당하여 **채점대상에서 제외**됩니다.
   가) 수험자 본인이 시험 도중 시험에 대한 포기 의사를 표현하는 경우
   나) 위생복, 위생모, 앞치마, 마스크를 착용하지 않은 경우
   다) 시험시간 내에 과제 두 가지를 제출하지 못한 경우
   라) 문제의 요구사항대로 과제의 수량이 만들어지지 않은 경우
   마) 완성품을 요구사항의 과제(요리)가 아닌 다른 요리(예, 달걀말이 → 달걀찜)로 만든 경우
   바) 불을 사용하여 만든 조리작품이 작품 특성에 벗어나는 정도로 타거나 익지 않은 경우
   사) 해당과제의 지급재료 이외 재료를 사용하거나, 요구사항의 조리기구(석쇠 등)로 완성품을 조리하지 않은 경우
   아) 지정된 수험자지참물 이외의 조리기술에 영향을 줄 수 있는 기구를 사용한 경우
   자) 가스레인지 화구 2개 이상(2개 포함) 사용한 경우
   차) 시험 중 시설·장비(칼, 가스레인지 등) 사용 시 시험위원 및 타 수험자의 시험 진행에 위해를 일으킬 것으로 시험위원 전원이 합의하여 판단한 경우
   카) 요구사항에 표시된 실격 및 부정행위에 해당하는 경우
7. 항목별 배점은 위생상태 및 안전관리 5점, 조리기술 30점, 작품의 평가 15점입니다.
8. 시험시작 전 가벼운 몸 풀기(스트레칭) 동작으로 긴장을 풀고 시험을 시작합니다.

지급재료목록

달걀 1개, 새우(약 6~7cm) 1마리, 어묵(판어묵) 15g, 생표고버섯(10g) 1/2개, 밤 1/2개, 가다랑어포(가쓰오부시) 10g, 닭고기살 20g, 은행(겉껍질 깐 것) 2개, 흰생선살 20g, 쑥갓 10g, 진간장 10ml, 소금(정제염) 5g, 청주 10ml, 레몬 1/4개, 죽순 10g, 건다시마(5×10cm) 1장, 이쑤시개 1개, 맛술(미림) 10ml

 달걀물 혼합
가다랑어 국물(가쓰오다시) 130ml(달걀의 약 2.5배), 소금 약간,
청주 1작은술, 맛술(미림) 1작은술

 짝을 지어 잘 나오는 문제 묶어서 공부해 보세요.
참치김초밥 116p, 갑오징어 명란무침 48p, 해삼초회 72p, 된장국 60p,
소고기간장구이 92p

조리과정

01 가다랑어 국물(가쓰오 다시) 만들기, 쑥갓 찬물에 담그기

- 다시마는 젖은 면보로 앞, 뒤를 닦고 국물이 잘 우러나도록 칼집을 넣어 냄비에 찬물 1컵을 넣고 서서히 약불에서 끓인다. 물이 끓어오르면 불을 끄고 다시마를 건진 후 가다랑어포(가쓰오부시)를 넣어 2~5분 정도 후에 면보에 걸러 차게 식힌다.
- 쑥갓은 연한 속 잎으로 골라 싱싱하도록 찬물에 담가 둔다.

02 찜 속재료 준비하기(닭고기살, 생선살, 새우)

- 닭고기살 : 1.5cm 주사위 모양으로 썰어 간장으로 간을 한다.
- 생선살 : 1.5cm 주사위 모양으로 썰어 소금으로 간을 한다.
- 새우 : 내장을 제거하여 준비한다.

03 찜 속재료 준비하기(밤, 어묵, 죽순, 표고버섯, 은행)

- 밤 : 구운 후 껍질을 벗겨 1.5cm 주사위 모양으로 썬다.
- 어묵 : 물결무늬를 내어 얇게 썬다.
- 죽순 : 빗살을 살려 얇게 썬다.
- 표고버섯 : 1.5cm 주사위 모양으로 썬다.
- 밑 준비가 끝나면 끓는 물에 소금을 넣고 은행, 죽순, 표고버섯, 생선살, 새우, 닭고기살 순으로 데치고 은행과 새우는 껍질을 벗긴다.

04 레몬 오리발 만들기

- 레몬은 껍질을 얇게 떠서 오리발 모양을 만든다.

시험장에서의 **조리작업 순서**

가다랑어 국물(가쓰오다시) 만들기 ➡ 쑥갓 찬물에 담그기 ➡ 찜 속재료 준비하기(닭고기살, 생선살, 새우, 밤, 어묵, 죽순, 표고버섯, 은행) ➡ 찜 속재료 밑간하기 ➡ 레몬 오리발 만들기 ➡ 달걀물 풀기 ➡ 달걀물 체에 내리기 ➡ 찜 속재료 데치기 ➡ 찜그릇에 담기 ➡ 찜하기 ➡ 레몬 오리발, 쑥갓 얹어 완성하기

05 달걀 풀어 체에 내리기

- 달걀에 완전히 식힌 가다랑어 국물(가쓰오다시) 130ml(달걀의 약 2.5배), 소금 약간, 청주 1작은술, 맛술(미림) 1작은술을 넣고 잘 풀어 고운체에 거른다.

06 찜 그릇에 담기

- 찜 그릇에 준비한 재료들을 담고 달걀물을 부어준다.
- 위에 뜨는 잔거품을 제거하고 호일로 뚜껑을 만들어 덮는다.

07 찜하기

- 냄비에 중탕하거나 찜통에서 약 불로 약 12분 정도 찐다.
- 달걀찜 표면을 이쑤시개로 찔러보아 달걀 겉물이 나오지 않으면 완성된 것으로 본다.
- 찜이 완성되면 불을 끄고 레몬 오리발과 쑥갓을 올린다.

08 완성품 담기

- 호일 뚜껑을 다시 덮고 20초가량 뜸을 들여 완성한다.

참고 사항

1. 은행은 삶던지 후라이팬에 기름을 두르고 볶아서 껍질을 벗겨 사용한다.
2. 달걀과 가다랑어 국물(가쓰오다시)의 혼합비율
- 달걀과 가다랑어 국물(가쓰오다시)은 1 : 2~3의 비율인데 3배로 잡으면 묽어서 실패할 경우가 많고 2배로 잡으면 안전하지만 식으면 질감이 딱딱해질 수 있어 2.5배가량 잡는다.
3. 거품을 제거하지 않으면 표면이 매끄럽지 못하고 구멍이 생기므로 반드시 제거한다.
4. 찜하기
- 찜기가 지급되면 사용하고 여의치 않을 경우는 냄비에 면보를 접어서 깔고 달걀찜 그릇이 반쯤 잠길 정도로 물을 붓고 찐다. 물이 많으면 달걀찜 용기 안으로 들어가므로 주의한다.
- 수증기가 들어가지 않도록 뚜껑이나 호일, 랩을 씌워 찜한다.
- 온도가 높으면 표면이 거칠고, 부풀어 오르며, 기포가 생기므로 약불로 12분 정도 찐다.

NCS능력단위 **초밥조리**

 생선초밥

(にぎりずし : 니기리즈시)

 시험시간 **40분**

스시의 기원은 생선을 밥과 같이 발효시켜 신맛이 나도록 한 것이었으나 시간이 지나면서 빨리 만드는 방법을 고안해 손으로 바로 쥐어서 먹게 된 것이 현재 일반적으로 알려진 생선초밥(니기리스시)이다.

감독관의 중점 체크 포인트

- 각각의 생선류 준비 체크
- 초밥을 쥐는 자세 체크(하나씩 쥐어서 초밥을 만들며 도마에 밥을 놓고 생선을 올리지 않도록 한다)
- 8쪽의 초밥완성 체크(생선초밥은 8개를 만들어 제출)

용어설명

- 니기리즈시(にぎりずし) : 손으로 쥐어 만든 초밥
- 니기리(にぎり) : 움켜쥔
- 즈시(ずし) : 초밥
- 스시즈(すしず) : 초밥(용) 식초(식초·설탕·소금 등을 섞어 만듦)

요구사항

※ 주어진 재료를 사용하여 다음과 같이 생선초밥을 만드시오.

가. 각 생선류와 채소를 초밥용으로 손질하시오.
나. 초밥초(스시스)를 만들어 밥에 간하여 식히시오.
다. 곁들일 초생강을 만드시오.
라. 쥔초밥(니기리스시)을 만드시오.
마. 생선초밥은 6종류 8개를 만들어 제출하시오.
바. 간장을 곁들여 내시오.

수험자 유의사항

1) 만드는 순서에 유의하며, 위생과 숙련된 기능평가를 위하여 조리작업 시 맛을 보지 않습니다.
2) 지정된 수험자 지참 준비물 이외의 조리기구나 재료를 시험장 내에 지참할 수 없습니다.
3) 지급재료는 시험 전 확인하여 이상이 있을 경우 시험위원으로부터 조치를 받고 시험 중에는 재료의 교환 및 추가지급은 하지 않습니다.
4) 요구사항 및 지급재료의 규격은 "정도"의 의미를 포함하며, 재료의 크기에 따라 가감하여 채점합니다.
5) 위생복, 위생모, 앞치마, 마스크를 착용하여야 하며, 시험장비·조리도구 취급 등 안전에 유의합니다.
6) 다음 사항은 실격에 해당하여 채점대상에서 제외됩니다.
   가) 수험자 본인이 시험 도중 시험에 대한 포기 의사를 표현하는 경우
   나) 위생복, 위생모, 앞치마, 마스크를 착용하지 않은 경우
   다) 시험시간 내에 과제 두 가지를 제출하지 못한 경우
   라) 문제의 요구사항대로 과제의 수량이 만들어지지 않은 경우
   마) 완성품을 요구사항의 과제(요리)가 아닌 다른 요리(예, 달걀말이 → 달걀찜)로 만든 경우
   바) 불을 사용하여 만든 조리작품이 작품 특성에 벗어나는 정도로 타거나 익지 않은 경우
   사) 해당과제의 지급재료 이외 재료를 사용하거나, 요구사항의 조리기구(석쇠 등)로 완성품을 조리하지 않은 경우
   아) 지정된 수험자지참물 이외의 조리기술에 영향을 줄 수 있는 기구를 사용한 경우
   자) 가스레인지 화구 2개 이상(2개 포함) 사용한 경우
   차) 시험 중 시설·장비(칼, 가스레인지 등) 사용 시 시험위원 및 타 수험자의 시험 진행에 위해를 일으킬 것으로 시험위원 전원이 합의하여 판단한 경우
   카) 요구사항에 표시된 실격 및 부정행위에 해당하는 경우
7) 항목별 배점은 위생상태 및 안전관리 5점, 조리기술 30점, 작품의 평가 15점입니다.
8) 시험시작 전 가벼운 몸 풀기(스트레칭) 동작으로 긴장을 풀고 시험을 시작합니다.

지급재료목록

참치살(붉은색 참치살, 아까미) 30g, **광어살**(3×8cm 이상, 껍질있는 것) 50g, **새우**(30~40g) 1마리, **학꽁치**(꽁치, 전어 대체 가능) 1/2마리, **도미살** 30g, **문어**(삶은 것) 50g, **밥**(뜨거운 밥) 200g, **청차조기잎(시소)**(깻잎으로 대체 가능) 1장, **통생강** 30g, **고추냉이**(와사비분) 20g, **식초** 70ml, **흰설탕** 50g, **소금**(정제염) 20g, **진간장** 20ml, **대꼬챙이**(10~15cm) 1개

 초밥초(스시스)
식초 3큰술, 흰설탕 2큰술
소금 1작은술

 초생강 담금초
식초 1큰술, 흰설탕 1작은술
물 1/2큰술, 소금 1/4작은술

 짝을 지어 잘 나오는 문제 묶어서 공부해 보세요.
소고기간장구이 92p, 해삼초회 72p, 문어초회 68p

> 조리과정

01 **초밥초(스시스) 만들어 밥에 섞기, 깻잎 찬물에 담그기, 와사비 개기, 초생강 만들기**

- 냄비에 식초 3큰술, 흰설탕 2큰술, 소금 1작은술을 넣고 설탕이 녹게 살짝 끓여 초밥초(스시스)를 만든 후 밥이 뜨거울 때 끼얹어 고루 섞어 체온 정도로 식혀서 젖은 면보로 덮어둔다.
- 깻잎은 찬물에 싱싱하도록 담가둔다.
- 와사비는 동량의 물을 넣고 섞어서 부드럽게 갠다.
- 생강은 얇게 편 썰기 하여 끓는 물에 데친 후 담금초에 담가 초생강을 준비한다.

02 **초밥재료 준비하기(참치)**

- 참치 : 연한 소금물에 담가두어 해동이 되면 면보에 싸놓았다가 결 반대 방향으로 가로, 세로 7×3cm로 포를 떠 준비한다.

03 **초밥재료 준비하기(도미, 광어)**

- 도미와 광어 : 비늘을 제거하고 껍질을 벗겨 두께 0.2cm, 가로. 세로 7×3cm가 되게 45° 각도로 어슷하게 당겨서 썰어 준비한다.

04 **초밥재료 준비하기(학꽁치)**

- 학꽁치 : 비늘을 긁고 내장을 제거한 후 물에 씻고 물기를 제거한 후 세장뜨기 한다.
- 칼등으로 껍질을 쭉쭉 밀어 제거하고 양쪽의 갈비뼈를 도려내고 7cm 정도 길이로 잘라 배 쪽에 칼집을 넣고 뒤집어 등 쪽에도 잔 칼집을 넣는다.

> 껍질이 투명하고 얇아서 칼등으로 벗겨야 끊어지지 않는다.

시험장에서의 조리작업 순서

초밥초(스시스) 만들기 ➡ 밥에 초밥초 섞기 ➡ 깻잎 물에 담그기 ➡ 와사비 개기 ➡ 초생강 만들기 ➡ 생선 손질하여 초밥용으로 준비하기 ➡ 식초물 만들기 ➡ 초밥 만들기 ➡ 담기(초생강, 간장 곁들이기)

05 초밥재료 준비하기(문어, 새우)

- 문어(삶은 것) : 끓는 물에 간장, 식초를 넣고 데쳐서 찬물에 냉각시킨 뒤 수분을 제거하고 물결 모양으로 포 뜬다.
- 새우 : 내장을 제거하고 휘지 않도록 배 쪽에 꼬치를 꽂아서 끓는 물에 소금을 넣고 삶아 찬물에 잠깐 식혀서 꼬치를 빼고 껍질을 모두 벗겨, 배 쪽에 칼집을 넣어 등이 붙은 채로 넓적하게 편다.

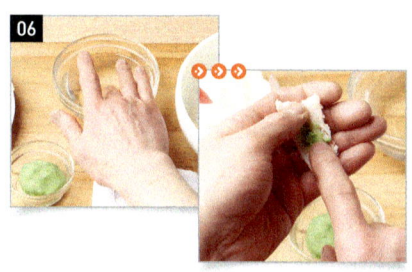

06 초밥 만들기(밥쥐기)

- 식초물(물 1/2컵, 식초 2/3큰술)을 준비해둔다.
- 준비한 초밥 재료는 왼쪽, 초밥은 오른쪽, 식초물과 와사비는 앞쪽에 배치하고 오른손 세 번째 손가락 끝으로 식초물을 적신 후 양손을 부딪혀서 적당량 묻게 한다.
- 오른손으로 밥을 살살 긁어 모아쥐고 오른손 검지 손가락으로 와사비를 묻히고, 왼손에 초밥 재료를 엄지로 끼듯이 살며시 잡고 생선살의 중앙에 와사비를 바른 후 그 위에 밥을 놓아 모양을 잡는다.

07 초밥 만들기(형태잡기)

- 왼손 엄지손가락으로 가볍게 공기가 들어갈 수 있게 밥을 누르고 왼손 엄지손가락으로 위쪽을 막고 오른손으로 양옆을 막고, 위아래를 막아 모양을 잡는다.
- 왼손 엄지손가락을 이용하여 초밥을 살짝 돌려 생선이 위로 가게 하고 오른손을 이용하여 양옆의 모양을 둥글게 잡아 생선초밥을 완성한다.

08 완성품 담기

- 완성된 초밥을 45°로 어슷하게 6종류 8개를 담고 알맞게 자른 깻잎을 깐 후 초생강을 담고 간장을 곁들여 낸다.
- 왼쪽부터 초밥을 먹기 때문에 흰살 생선류를 먼저 먹도록 담고 등푸른 생선을 그 다음으로 놓는다.

참고 사항

1. 초밥초(스시스)
- 냄비에 재료를 넣고 설탕과 소금이 녹을 정도로 살짝만 끓여서 불을 끈다. 밥에 초밥초를 넣어서 고루 섞어 35~36℃ 체온 정도로 식혀주고 일부 남은 배합초는 초생강을 만들 때 물을 조금 넣어 사용한다.

2. 재료 준비
- 새우는 휘지 않게 배 쪽에 꼬치를 꽂아서 삶은 후 찬물에 담가 바로 식혀주면 탄력이 생기고 색도 더욱 선명해진다.
- 학꽁치의 껍질은 얇아서 끊기지 않도록 칼날을 위로 오게 하여 칼등으로 살살 밀어서 벗긴다.

3. 생선초밥 만들기
- 손에 적신 식초물이 너무 많으면 밥알이 질척해지고 적으면 손에 밥알이 달라붙어서 초밥을 쥐기가 불편하므로 수분이 적당히 유지되도록 한다.

NCS능력단위 **초밥조리**

참치김초밥

(てっかまき : 뎃까마끼)

 시험시간 **20분**

김초밥은 굵게 마는 "후토마끼(ふとまき)"와 가늘게 마는 "호소마끼(ほそまき)"가 있는데 참치 김초밥은 빨간 참치를 넣어 가늘게 말은 호소마끼의 대표적인 김초밥으로 김과 참치의 맛과 향이 어우러져 담백하며 가늘어서 먹기에도 편하다.

감독관의 중점 체크 포인트

- 참치가 중앙에 오도록 초밥을 말았는지 체크
- 썰어놓은 단면이 깔끔한지 체크
- 참치 김초밥의 높이와 크기가 일정한지 체크
- 간장을 곁들여 냈는지 체크

용어설명

- 뎃까마끼(てっかまき) : 참치를 넣어 말은 김초밥
- 와사비(わさび) : 고추냉이

요구사항

※ 주어진 재료를 사용하여 참치 김초밥을 만드시오.

가. 김을 반장으로 자르고, 눅눅하거나 구워지지 않은 김은 구워 사용하시오.
나. 고추냉이와 초생강을 만드시오.
다. 초밥 2줄은 일정한 크기 12개로 잘라 내시오.
라. 간장을 곁들여 내시오.

수험자 유의사항

1. 만드는 순서에 유의하며, 위생과 숙련된 기능평가를 위하여 조리작업 시 맛을 보지 않습니다.
2. 지정된 수험자 지참 준비물 이외의 조리기구나 재료를 시험장 내에 지참할 수 없습니다.
3. 지급재료는 시험 전 확인하여 이상이 있을 경우 시험위원으로부터 조치를 받고 시험 중에는 재료의 교환 및 추가지급은 하지 않습니다.
4. 요구사항 및 지급재료의 규격은 "정도"의 의미를 포함하며, 재료의 크기에 따라 가감하여 채점합니다.
5. 위생복, 위생모, 앞치마, 마스크를 착용하여야 하며, 시험장비·조리도구 취급 등 안전에 유의합니다.
6. 다음 사항은 실격에 해당하여 채점대상에서 제외됩니다.
   가) 수험자 본인이 시험 도중 시험에 대한 포기 의사를 표현하는 경우
   나) 위생복, 위생모, 앞치마, 마스크를 착용하지 않은 경우
   다) 시험시간 내에 과제 두 가지를 제출하지 못한 경우
   라) 문제의 요구사항대로 과제의 수량이 만들어지지 않은 경우
   마) 완성품을 요구사항의 과제(요리)가 아닌 다른 요리(예, 달걀말이 → 달걀찜)로 만든 경우
   바) 불을 사용하여 만든 조리작품이 작품 특성에 벗어나는 정도로 타거나 익지 않은 경우
   사) 해당과제의 지급재료 이외 재료를 사용하거나, 요구사항의 조리기구(석쇠 등)로 완성품을 조리하지 않은 경우
   아) 지정된 수험자지참물 이외의 조리기술에 영향을 줄 수 있는 기구를 사용한 경우
   자) 가스레인지 화구 2개 이상(2개 포함) 사용한 경우
   차) 시험 중 시설·장비(칼, 가스레인지 등) 사용 시 시험위원 및 타 수험자의 시험 진행에 위해를 일으킬 것으로 시험위원 전원이 합의하여 판단한 경우
   카) 요구사항에 표시된 실격 및 부정행위에 해당하는 경우
7. 항목별 배점은 위생상태 및 안전관리 5점, 조리기술 30점, 작품의 평가 15점입니다.
8. 시험시작 전 가벼운 몸 풀기(스트레칭) 동작으로 긴장을 풀고 시험을 시작합니다.

지급재료목록

참치살(붉은색 참치살, 아까미) 100g, **고추냉이**(와사비분) 15g, **청차조기잎**(시소)(깻잎으로 대체 가능) 1장, **김**(초밥김) 1장, **밥**(뜨거운 밥) 120g, **통생강** 20g, **식초** 70ml, **흰설탕** 50g, **소금**(정제염) 20g, **진간장** 10ml

 초밥초
식초 3큰술, 흰설탕 2큰술
소금 1작은술

 **초생강 담금초**
식초 1큰술, 흰설탕 1작은술
물 1/2큰술, 소금 1/4작은술

 짝을 지어 잘 나오는 문제 묶어서 공부해 보세요.

도미술찜 104p, 달걀찜 108p

> 조리과정

01 **초밥초(스시스) 만들어 밥에 섞기, 깻잎 찬물에 담그기, 와사비 개기, 초생강 만들기**

- 냄비에 식초 3큰술, 흰설탕 2큰술, 소금 1작은술을 넣고 설탕이 녹게 살짝 끓여 초밥초(스시스)를 만든 후 밥이 뜨거울 때 끼얹고 고루 섞어 체온 정도로 식혀서 젖은 면보로 덮어둔다.
- 깻잎은 찬물에 싱싱하도록 담가둔다.
- 와사비는 동량의 물을 넣고 섞어서 부드럽게 갠다.
- 생강은 얇게 편 썰기 하여 끓는 물에 데친 후 담금초에 담가 초생강을 준비한다.

02 **참치 해동시켜서 썰기**

- 참치 : 연한 소금물(3%)에 담가 반 정도 녹인 후 면보에 싸서 마저 녹인다.
- 해동시킨 참치는 수분을 제거하고 김 길이와 맞춰 사방 1~1.5cm로 썰어 2쪽을 준비한다.

03 **김 준비하기(구워서 반 가르기)**

- 김은 살짝 구워 반으로 자른다.

04 **김밥 말기**

- 식초물(물 1/2컵, 식초 2/3큰술)을 준비해둔다.
- 김발에 김을 놓고 오른손 세 번째 손가락 끝으로 식초물을 적신 후 양손을 부딪혀서 적당량 묻게 한다.
- 초밥을 한 번에 잡아 김 위에 빈 공간이 없게 얇게 핀 후 와사비를 바른다.

시험장에서의 조리작업 순서

초밥초(스시스) 만들기 ➡ 밥에 초밥초 섞기 ➡ 깻잎 찬물에 담그기 ➡ 참치 해동시키기 ➡ 와사비 개기 ➡ 초생강 만들기 ➡ 참치 면보에 싸두기, 썰기 ➡ 김 구워서 반자르기 ➡ 식초물 준비 ➡ 참치 김초밥 말기 ➡ 담기(간장 곁들여내기)

05 김밥 말기(참치 놓기)

- 04 와사비를 바른 위에 참치를 올린다.

06 김밥 말기

- 밥의 끝과 끝이 서로 맞닿게 하여 김발로 각을 잡아가며 네모지게 말아준다.
- 남은 반장의 김으로도 같은 방법으로 말아준다.

07 김밥 썰기

- 완성된 참치 김초밥 한 줄 당 6개씩 나오도록 한 줄을 반으로 나눈 후 겹쳐놓고 3등분하여 6쪽씩 총 2줄로 12개가 되도록 썬다.
- 젖은 행주를 옆에 두고 초밥을 썰 때마다 칼을 닦아서 톱질을 하듯이 썰어야 단면이 깔끔하다.

08 완성품 담기

- 완성 접시에 12쪽의 참치 김초밥을 모양내어 담고 오른쪽 앞에 알맞게 자른 깻잎을 깐 후 초생강을 담고 간장을 곁들여 낸다.

1. 참치
- 참치가 얼은 것이 지급되면 바닷물과 같은 3%의 소금물에 해동시키는데 해동 시 소금물에서 다 녹이면 살에 탄력이 없어지므로 반 정도 녹으면 소금물에서 꺼내어 면보에 싸서 마저 녹인다.
- 지급된 크기를 감안하여 가로, 세로 폭과 높이가 1~1.5cm 정도의 정사각으로 길게 잘라서 사용한다.

2. 초밥 말기
- 초밥을 말 때 참치를 안으로 밀어 넣듯이 잡고 말아야 한쪽으로 밀려나지 않고 중앙으로 오게 된다.

3. 썰기
- 참치 김초밥 한 줄 당 6개씩 나오도록 한 줄을 반으로 나눈 후 겹쳐놓고 3등분하여 6쪽씩 총 2줄로 12개가 되도록 썬다.
- 두께와 길이가 균일하도록 썬다.

NCS능력단위 **초밥조리**

19 김초밥

(まきずし : 마끼즈시)

 시험시간 **25분**

초밥요리는 초밥을 김으로 말아서 싼 마끼즈시(まきずし), 초밥에 생선을 올려 만든 니기리즈시(にぎりずし), 생선초밥을 만들때 상자모양으로 만든 하꼬즈시(はこずし) 등이 있다. 마끼즈시라 하면 일반적으로 김초밥을 가리키며 변형된 여러 가지 퓨전 롤(roll)도 포괄적으로 가리킨다. 김초밥은 박고지와 오보로, 오이, 달걀 등이 들어가 색도 화사하고 맛도 담백한 것이 특징이다.

감독관의 중점 체크 포인트

- 박고지의 조려진 상태 체크(윤기나고 국물이 없이)
- 속 재료가 가운데 오게 말았는지 체크
- 썰어놓은 김초밥의 크기가 일정한지 체크
- 간장을 제출했는지 체크

용어설명

- 마끼(まき) : 감다, 말다
- 즈시(ずし) : 초밥
- 마끼즈시(まきずし) : 김으로 말아 싼 초밥
- 오보로(おぼろ) : 생선이나 닭고기, 새우 등을 으깨어 설탕, 소금, 식용색소로 양념한 후 볶은 식품

요구사항

※ **주어진 재료를 사용하여 다음과 같이 김초밥을 만드시오.**

가. 박고지, 달걀말이, 오이 등 김초밥 속재료를 만드시오.
나. 초밥초를 만들어 밥에 간하여 식히시오.
다. 김초밥은 일정한 두께와 크기로 8등분하여 담으시오.
라. 간장을 곁들여 제출하시오.

수험자 유의사항

1. 만드는 순서에 유의하며, 위생과 숙련된 기능평가를 위하여 조리작업 시 맛을 보지 않습니다.
2. 지정된 수험자 지참 준비물 이외의 조리기구나 재료를 시험장 내에 지참할 수 없습니다.
3. 지급재료는 시험 전 확인하여 이상이 있을 경우 시험위원으로부터 조치를 받고 시험 중에는 재료의 교환 및 추가지급은 하지 않습니다.
4. 요구사항 및 지급재료의 규격은 "정도"의 의미를 포함하며, 재료의 크기에 따라 가감하여 채점합니다.
5. 위생복, 위생모, 앞치마, 마스크를 착용하여야 하며, 시험장비·조리도구 취급 등 안전에 유의합니다.
6. 다음 사항은 실격에 해당하여 채점대상에서 제외됩니다.
   가) 수험자 본인이 시험 도중 시험에 대한 포기 의사를 표현하는 경우
   나) 위생복, 위생모, 앞치마, 마스크를 착용하지 않은 경우
   다) 시험시간 내에 과제 두 가지를 제출하지 못한 경우
   라) 문제의 요구사항대로 과제의 수량이 만들어지지 않은 경우
   마) 완성품을 요구사항의 과제(요리)가 아닌 다른 요리(예, 달걀말이 → 달걀찜)로 만든 경우
   바) 불을 사용하여 만든 조리작품이 작품 특성에 벗어나는 정도로 타거나 익지 않은 경우
   사) 해당과제의 지급재료 이외 재료를 사용하거나, 요구사항의 조리기구(석쇠 등)로 완성품을 조리하지 않은 경우
   아) 지정된 수험자지참물 이외의 조리기술에 영향을 줄 수 있는 기구를 사용한 경우
   자) 가스레인지 화구 2개 이상(2개 포함) 사용한 경우
   차) 시험 중 시설·장비(칼, 가스레인지 등) 사용 시 시험위원 및 타 수험자의 시험 진행에 위해를 일으킬 것으로 시험위원 전원이 합의하여 판단한 경우
   카) 요구사항에 표시된 실격 및 부정행위에 해당하는 경우
7. 항목별 배점은 위생상태 및 안전관리 5점, 조리기술 30점, 작품의 평가 15점입니다.
8. 시험시작 전 가벼운 몸 풀기(스트레칭) 동작으로 긴장을 풀고 시험을 시작합니다.

지급재료목록

김(초밥김) 1장, **밥**(뜨거운 밥) 200g, **달걀** 2개, **박고지** 10g, **통생강** 30g, **청차조기잎**(시소)(깻잎으로 대체 가능) 1장, **오이**(가늘고 곧은 것, 길이 20cm) 1/4개, **오보로** 10g, **식초** 70ml, **흰설탕** 50g, **소금**(정제염) 20g, **식용유** 10ml, **진간장** 20ml, **맛술**(미림) 10ml

 초밥초(스시스)
식초 3큰술, 흰설탕 2큰술
소금 1작은술

 **박고지 조림장**
간장 2/3큰술, 흰설탕 1작은술
맛술(미림) 1큰술, 물 1/2컵

초생강 담금초
식초 1큰술, 흰설탕 1작은술
물 1/2큰술, 소금 1/4작은술

 짝을 지어 잘 나오는 문제 묶어서 공부해 보세요.
도미술찜 104p, 대합 맑은국 56p, 문어초회 68p

조리과정

01 초밥초(스시스) 만들어 밥에 섞기, 깻잎 찬물에 담그기, 초생강 만들기

- 냄비에 식초 3큰술, 흰설탕 2큰술, 소금 1작은술을 넣고 설탕이 녹게 살짝 끓여 초밥초(스시스)를 만든 후 밥이 뜨거울 때 끼얹어 고루 섞어 체온 정도로 식혀서 젖은 면보로 덮어둔다.
- 깻잎은 찬물에 싱싱하도록 담가둔다.
- 생강은 얇게 편 썰기 하여 끓는 물에 데친 후 담금초에 담가 초생강을 준비한다.

02 박고지 조리기

- 박고지는 따뜻한 물에 불린 후 냄비에 박고지 조림장(간장 2/3큰술, 흰설탕 1작은술, 맛술(미림) 1큰술, 물 1/2컵)을 넣고 윤기나게 조려 밥이 질어지지 않도록 체에 받쳐둔다.

03 오이 손질하여 절이기

오이는 가시와 씨 부분을 제거하고 김 길이에 맞추고 사방 1.5×1.5cm로 각이 잡히게 썰어 소금에 절였다가 물기를 제거한다.

04 달걀말이 만들기

- 달걀은 소금 1/3작은술, 흰설탕 1/2작은술, 물 2큰술을 넣고 잘 풀어 체에 내린다.
- 팬에 기름을 두르고 달걀말이를 만들어 김발에 말아서 모양을 잡고 식혀서 김 길이에 맞추고 사방 1.5×1.5cm로 썬다.

시험장에서의 조리작업 순서

초밥초(스시스) 만들어 밥에 섞기 ➡ 깻잎 찬물에 담그기 ➡ 박고지 불려서 조리기 ➡ 초생강 만들기 ➡ 오이 절이기 ➡ 달걀말이 만들기 및 식혀서 썰기 ➡ 김 굽기 ➡ 식초물 준비하기 ➡ 김초밥 말기 ➡ 김초밥 썰기 ➡ 담기, 간장 곁들이기

05 김 굽기, 초밥 펴기

- 김을 살짝 구워 준비한다.
- 식초물(물 1/2컵, 식초 2/3큰술)을 준비해둔다.
- 김발에 김을 놓고 오른손 세 번째 손가락 끝으로 식초물을 적신 후 양손을 부딪혀서 적당량 묻게 한다.
- 초밥을 한 번에 잡아 김 위에 빈 공간이 없게 끝에서 1/5 정도만 남기고 가장자리 끝까지 초밥을 채운다.

06 김초밥 말기

- 05의 밥 위에 오보로를 먼저 놓고 오이, 달걀말이, 박고지를 얹어 밥과 밥 사이가 서로 닿게 한 번에 말아준다.

07 김초밥 썰기

- 김초밥은 반으로 잘라서 겹쳐 두고 일정한 두께와 크기로 8등분 한다.

08 완성품 담기

- 완성 그릇에 김초밥을 보기 좋게 담고 알맞게 자른 깻잎을 깐 후 초생강을 담고 간장을 곁들여 낸다.

1. 박고지는 물기가 없게 조려야 밥이 물이 들지 않는다.

2. 김초밥 말기
- 김의 반질거리는 부분이 바닥으로 가게 두고 밥을 편다.
- 오보로는 속 재료 중 먼저 올리고 들뜨지 않도록 오이나 달걀말이를 그 위에 얹고 나머지 재료들을 놓는다.
- 초밥은 약간의 공기가 들어가야 입안에서 감촉이 좋으므로 단단하게 말지 않는다.

3. 김초밥 썰기
- 젖은 행주를 옆에 두고 초밥을 썰 때마다 칼을 닦아서 톱질 하듯이 썰어야 단면이 깔끔하다.

PART 02

복어 조리기능사

CHAPTER

복어의 개요
복어 기초손질
복어 실기

복어 요리의 개요

복어의 종류 및 영양성분

◈ **복어의 종류**

복어는 참복과의 바닷물고기를 통틀어 이르는 말로 주로 열대, 아열대 해역에서 분포하며 그 종류만 130종 가까이 된다. 우리나라 해역(남해)과 일본 근해에 약 38종류가 분포하고 있다.

식용 가능한 복어로는 참복, 검복, 까치복, 황복, 은복, 밀복, 금복, 졸복 등이 있고 그 중 참복은 고급 식재료로 사용되고 있다.

식용 불가능한 복어는 독고등어복, 쥐복, 가시복, 무늬복, 선인복, 별복, 얼룩 곰복, 별두개복, 부채복, 돌담복 등이 있다.

◈ **자주 사용되는 복어의 종류**

참복 (カラス)		몸은 달걀형으로 다소 길고 꼬리자루는 가늘며 입은 작고 이빨은 좌우가 밀착되어 부리모양이다. 등쪽은 짙은 흑색, 배쪽은 흰색이며 가슴지느러미 뒤쪽 위에는 흰색으로 둘러싸인 큰 흑색 반점이 한 개 있고 뒷지느러미를 포함한 각 지느러미는 검다
밀복 (鯖河豚 さばふぐ)		밀복은 참복과 밀복 속의 바다 경골어의 총칭으로 길이가 40㎝ 정도 되며 흰 밀복, 민 밀복, 은 밀복, 흑 밀복 등이 있다.
까치복 (縞河豚 シマフグ)		까치복은 등 부위와 측면이 청홍색의 바탕색이며 배면에서 몸 쪽 후방 쪽으로 현저한 흰줄무늬가 뻗어 있거나 일부분은 흰줄무늬가 끊어져서 흰 점 모양으로 되어 있는 것도 있다.
검복 (真河豚 マフグ)		검복(真河豚 マフグ)은 등 부위는 암 녹갈색으로 명확하지 않은 반문이 있고 몸쪽 중앙에 황색선이 뻗어 있으나 성장함에 따라 불분명하게 된다.
황복 (黃河豚 メフグ)		중국에서 즐겨 먹어 온 복어로 강으로 거슬러 올라가는 소하성 습성이 있고 황복은 황점복의 성어와 비슷하지만 황복은 가슴지느러미 후방과 등지느러미 기부에 불명료한 흰 테로 둘러진 검은 무늬가 있다.

http://www.nifs.go.kr/frcenter/species/?_p=species_view&mf_tax_id=MF0011331
➡ 국립수산과학원 (검색_"복") 이미지 참고자료

◆ **복어의 영양성분**

복어는 각종 무기질과 비타민이 함유되어 있으며 저지방, 저칼로리 다이어트 식품으로 인기가 있고 열수추출물은 숙취 해독에 효과가 있다. 또한 EPA(불포화지방산)와 DHA(고도불포화지방산)가 비교적 많이 함유되어 있고 아미노산과 콜라겐 함량이 높고 노화방지에 도움이 되는 등 환자 회복 및 당뇨병, 신장 질환자의 식이요법에 좋은 것으로 알려지면서 인기를 얻고 있다.

복어의 독성분 및 중독 증상

복어의 독소 명은 테트로도톡신(Tetrodotoxin)으로 무색, 무미, 무취의 결정이고 성질은 무색의 결정으로 무미, 무취이고 알코올, 알칼리성, 산, 열, 효소, 염류, 일광 등에 분해되지 않는다.

부위별 독력은 난소, 간, 내장 순으로 많고 중독 증상은 지각마비, 구토, 호흡곤란을 거쳐 의식불명 후 호흡정지이며 사람의 치사량은 2mg, 치사율 60%로 복어 한 마리는 성인 33명의 생명을 빼앗을 수 있는 맹독이다.

산란기 직전인 5~7월에 가장 독소가 강하고, 겨울철에 맛이 좋다. 복어 중독 시 조치사항으로는 복어독은 열에 파괴되거나 씻기지 않으므로 잘 제거하는 것이 조리법의 비결이며 중독 시 물, 증조수, 식염수 등을 다량 섭취 한 후 위 세척을 하고 병원으로 옮긴다.

복어의 식용가능 부위 여부

식용가능	입, 혀, 껍질, 지느러미, 살, 머리뼈, 갈비뼈부분, 정소(이리)
식용 불가능	눈(안구), 간, 난소, 알, 위장, 아가미, 쓸개(담낭), 비장, 신장, 심장, 부레, 방광 등 정소를 제외한 내장

참고 : 복어의 암컷의 생식기는 난소, 수컷의 경우는 정소(이리)라고 부르며 난소의 경우는 테트로도톡신(Tetrodotoxin)이 함유되어 있어 사용할 수 없고 정소(이리)는 고니라고도 부르며 독소가 없어 요리에 사용한다.

복어 요리 기초손질

순서

▶▶▶ **복어 제독 및 밑 손질**

01. 지느러미 제거
02. 주둥이 제거 및 손질
03. 지느러미 손질
04. 껍질 벗기기
05. 내장 들어내기
06. 머리 손질하기
07. 내장과 옆구리뼈(갈비뼈) 분리하기
08. 배꼽살 제거하기
09. 복어살 손질하기
10. 뼈 손질 및 가식부위 제독하기
11. 껍질 손질 및 가시제거하기
12. 부산물 데치기와 제독작업 마무리하기

▶▶▶ **복어부위 감별 및 가식부위와 불가식부위**

01. 복어부위 감별
02. 가식부위로 복어회와 복어껍질초회에 사용 부위
03. 가식부위로 복어죽의 육수로 사용하는 부위

01. 지느러미 제거

1. 등지느러미 제거

꼬리쪽부터 칼을 위에서 아래로 당기듯이

2. 배지느러미 제거

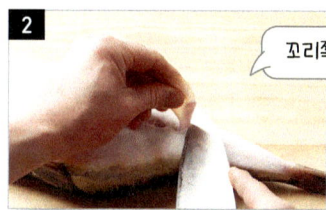

꼬리쪽부터 칼을 위에서 아래로 당기듯이

3. 양 옆지느러미 제거(좌)

옆지느러미를 바깥쪽으로 당기면서 칼을 위에서 아래로 당기듯이

4. 양 옆지느러미 제거(우)

복어를 돌려서 반대쪽 옆지느러미를 바깥쪽으로 당기면서 칼을 위에서 아래로 당기듯이

02. 주둥이 제거 및 손질

5. 주둥이에 칼집 넣기

 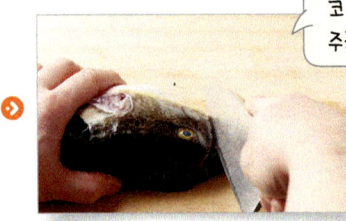

코 라인에 맞춰 대바칼로 칼집을 넣고 주둥이 양옆에도 칼집을 내준다.

6. 입 자르기

혀가 잘리지 않도록 콧등을 자르고 주둥이 양옆도 자른 후 잘린 입을 젖혀서 혀의 아래쪽에 칼을 넣어 입을 잘라내기

7. 이빨 사이에 칼넣어 입 자르기

대바칼로 입이 벌어지게 위에서 친 후 윗니 사이에 대바 칼 끝부분을 이용하여 자른 후 소금에 문질러 물에 담가두기

03. 지느러미 손질

8. 지느러미 소금으로 비벼 씻기

지느러미는 소금으로 씻어 물기 제거하기

9. 지느러미 나비모양 내기

지느러미의 긴부분을 한가닥으로 잘라서 나비의 더듬이를 만들기(2쪽)

10. 지느러미 말리기

작은 접시 등에 지느러미를 붙여 말리기 (가스레인지 옆)

04. 껍질 벗기기

11. 머리 양옆에 칼집 넣기

머리 양쪽 옆에 칼집을 넣어 나중에 껍질이 잘 벗겨지게 하기

12. 몸통쪽 칼집 넣기

몸통 옆에 칼을 머리쪽에서 비스듬히 넣어 꼬리쪽으로 칼집을 넣어 껍질을 잘라주기

13. 반대쪽 몸통 쪽 칼집 넣기

12번과 같은 방법으로 칼집을 넣기 (살에 칼이 들어 가지 않도록 주의)

14. 등쪽 껍질 들어 올리기

등쪽 껍질과 살 사이에 칼을 뒤로 넣어 등쪽 껍질을 자르고 칼을 당기듯이 사용하며 껍질을 벗기기

15. 등쪽 껍질 벗기기

칼로 꼬리쪽을 누르고 왼손으로 껍질을 잡아 당겨 벗기기

16. 배쪽 껍질 자르기

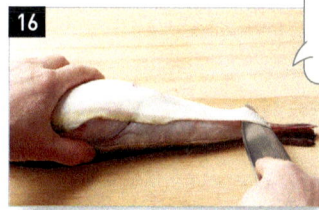

배쪽 껍질을 들어 칼날을 밖으로 향하게 하여 칼을 넣어 배쪽 껍질을 자르고 칼을 당기듯이 사용하며 껍질을 벗기기

17. 배쪽 껍질 벗기기

칼로 꼬리 쪽을 누르고 왼손으로 껍질을 잡아 당겨 벗기기

05. 내장 들어내기

18. 턱 밑 협골 쪽으로 칼집 넣기(머리를 앞으로 두고)

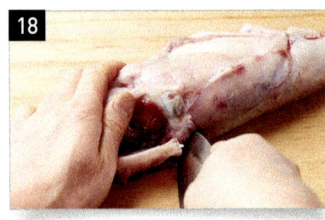

복어를 눕혀두고 턱쪽 잔가시 사이 벌어지는 곳에 칼집을 넣고 갈비와 머리뼈 사이에 직각이 되도록 칼을 넣어 자르기

19. 턱 밑 협골 쪽으로 칼집 넣기(머리를 위로 두고)

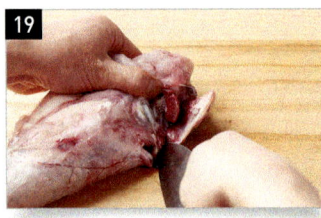

머리가 위로 가도록 복어를 돌려서 턱 쪽 잔가시 사이 벌어지는 곳에 칼집을 넣고 갈비와 머리뼈 사이에 직각이 되도록 칼을 넣어 자르기

20. 아가미 밑에 칼집 넣어 내장 들어 올릴 준비

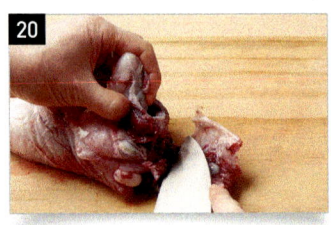

아가미쪽 밑으로 칼을 넣고 혀를 들어 올려 주기

21. 내장 들어 올리기

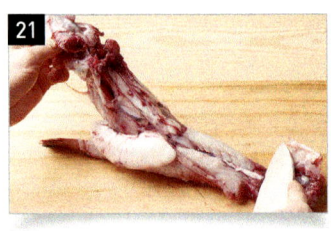

칼로 머리를 누르고 왼손으로 내장을 움켜 잡고 들어 내기

22. 항문 부위 잘라 내기

항문부위와 살이 붙어 있어서 칼로 잘라 완전분리하기

복어 제독 및 밑 손질

06. 머리 손질하기

23. 머리와 몸통 분리

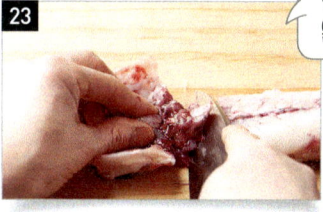

왼손에 머리를 잡고 칼로 머리와 몸통을 분리하여 자르기

24. 머리 반가르기

 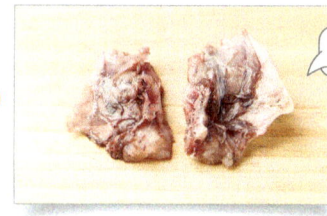

머리뼈를 반으로 가르기

25. 눈알 제거(양쪽)

왼손검지로 눈 안쪽에서 밀어 칼로 눈을 제거하기(불가식)

26. 골수와 점막 제거하기

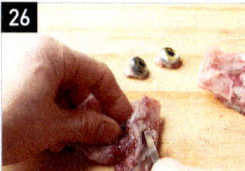

반가른 뼈 사이에 골수와 점막을 깨끗이 제거하기

복어 요리 기초손질

07. 내장과 옆구리뼈(갈비뼈) 분리하기

27. 아가미 제거하기(칼집넣기)

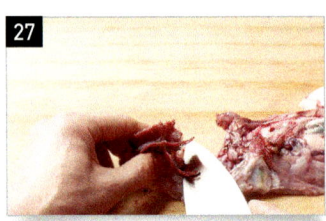

왼손에 아가미를 잡고 칼집을 밑으로 넣어 아가미를 떼어 내기 (불가식)

28. 옆구리뼈(갈비뼈)와 내장 분리하기(양쪽)

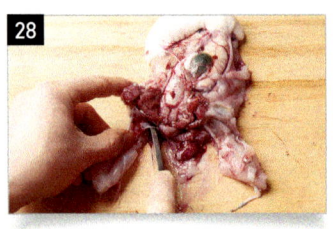 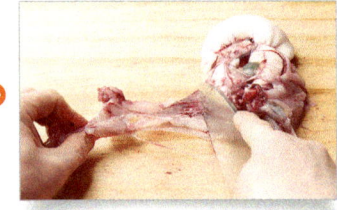

혀를 반으로 자르고 왼손에 왼쪽 옆구리뼈(갈비뼈)를 잡고 칼은 반대편으로 내장을 밀면서 내장과 분리하기

29. 갈비뼈 손질하기(잔뼈제거)

옆구리뼈(갈비뼈)쪽에 붙어 있는 잔뼈 제거하기

30. 옆구리뼈(갈비뼈) 손질하기(점막제거, 양쪽)

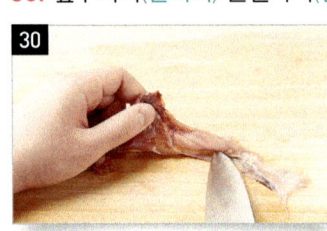

옆구리뼈(갈비뼈)에 붙은 점막과 피를 모두 제거하기

08. 배꼽살 제거하기

31. 배꼽살 제거하기(칼집넣기)

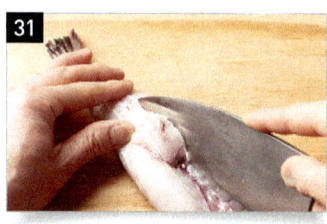

배꼽살에 칼집 넣기

32. 배꼽살 제거하기(떼어내기)

칼집넣은 배꼽살을 떼어 내기

33. 배꼽살 칼집 넣어 가르기

배꼽살 양옆에 칼집을 넣어 펴주기
(물에 담그기)

34. 배꼽살 떼어 낸 부분 핏기 제거하기

배꼽뼈 떼어낸 자리에 뼈를 따라
긁어 핏기를 제거한 후 씻기

09. 복어살 손질하기

35. 뼈에서 살 발라내기(내장부위가 조리사의 몸쪽을 보도록)

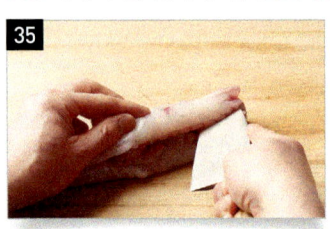

칼을 약간 사선으로하여 포떠내기

36. 뼈에서 살 발라내기 – 세장뜨기(반대쪽)

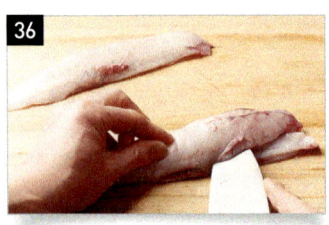

칼을 약간 사선으로하여 포떠내기

37. 완성된 세장뜨기

몸통살 2쪽, 뼈 1쪽

38. 내장과 붙어 있던 막 제거하기

내장이 붙어 있던 막을 제거하기

39. 혈압육 제거 및 내장과 붙어있던 막 제거하기

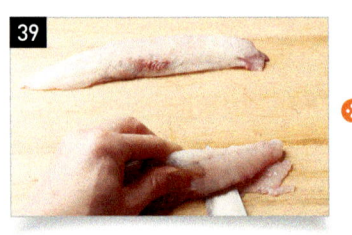 

복어배꼽이 붙어있던 부위의 빨간색의 살을 제거하고, 내장이 붙어있던 막을 도마에 밀착시키고 제거하기

40. 꼬리부분 흰색막 분리 및 복어살에 붙어 있는 막 제거하기

 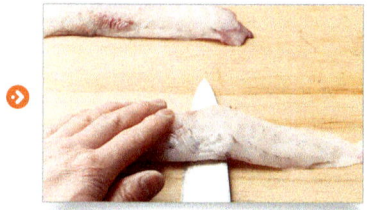 

복어살 꼬리 부분의 흰색의 막을 분리하듯 뜬 후 살에 붙은 막을 도마에 밀착시키고 꼬리쪽에 칼을 넣어 얇게 제거하기(데쳐서 나비몸통으로 사용 가능)

41. 복어살 높이 맞추기

회가 일정하게 떠지도록 살의 높이를 평평하게 정리하기

42. 복어살 소금물에 담근 후 수분 제거하기

소금 물에 잠시 담가 두었다가 면보에 감싸 수분 제거하기

10. 뼈 손질 및 가식부위 제독하기

43. 뼈 자르기

뼈 전체에 잔 칼집을 내주기

44. 뼈 5cm로 자르기

뼈를 5cm로 토막내어 물에 담그기
(가식부위 물에 담가 제독하기)

45. 손질된 가식부위

머리뼈 2쪽, 갈비살 2쪽, 입, 토막 낸 뼈, 배꼽살

46. 손질된 가식부위를 물에 담궈 제독작업 하기

흐르는 물에 가식부위를 담궈 제독작업하기

11. 껍질 손질 및 가시제거하기

47. 등 껍질 막(속껍질) 긁어내기

대바칼을 이용하여 안쪽 막을 말끔하게 긁어내기(막이 완전히 제거가 안되면 도마에 밀착이 되지 않아 가시를 밀 때 껍질이 들뜸)

48. 배쪽 껍질 막(속껍질) 긁어내기

대바칼을 이용하여 안쪽 막을 말끔하게 긁어내기
(도마에서 들뜨지 않도록 막을 완전히 긁어내기)

49. 가시 밀기(등쪽)

껍질을 도마에 완전히 밀착시키고 사시미칼을 위, 아래로 움직이면서 꼬리에서 머리쪽으로 가시를 밀어 나가기

50. 가시 밀기(배쪽)

껍질을 도마에 완전히 밀착시키고 사시미칼을 위, 아래로 움직이면서 꼬리에서 머리쪽으로 가시를 밀어 나가기

12. 부산물 데치기와 제독작업 마무리하기

51. 껍질 데치기

끓는 물에 소금을 넣고 데치기, 겉껍질과 속껍질 모두 사용하기

52. 데친 껍질 식히기

데친 껍질 찬물에 식혀주기

53. 머리뼈, 몸통뼈, 갈비살, 배꼽, 주둥이 등 데치기

내용물을 데쳐서 찬물에 헹궈 이물질을 제거하기

01. 복어 부위 감별

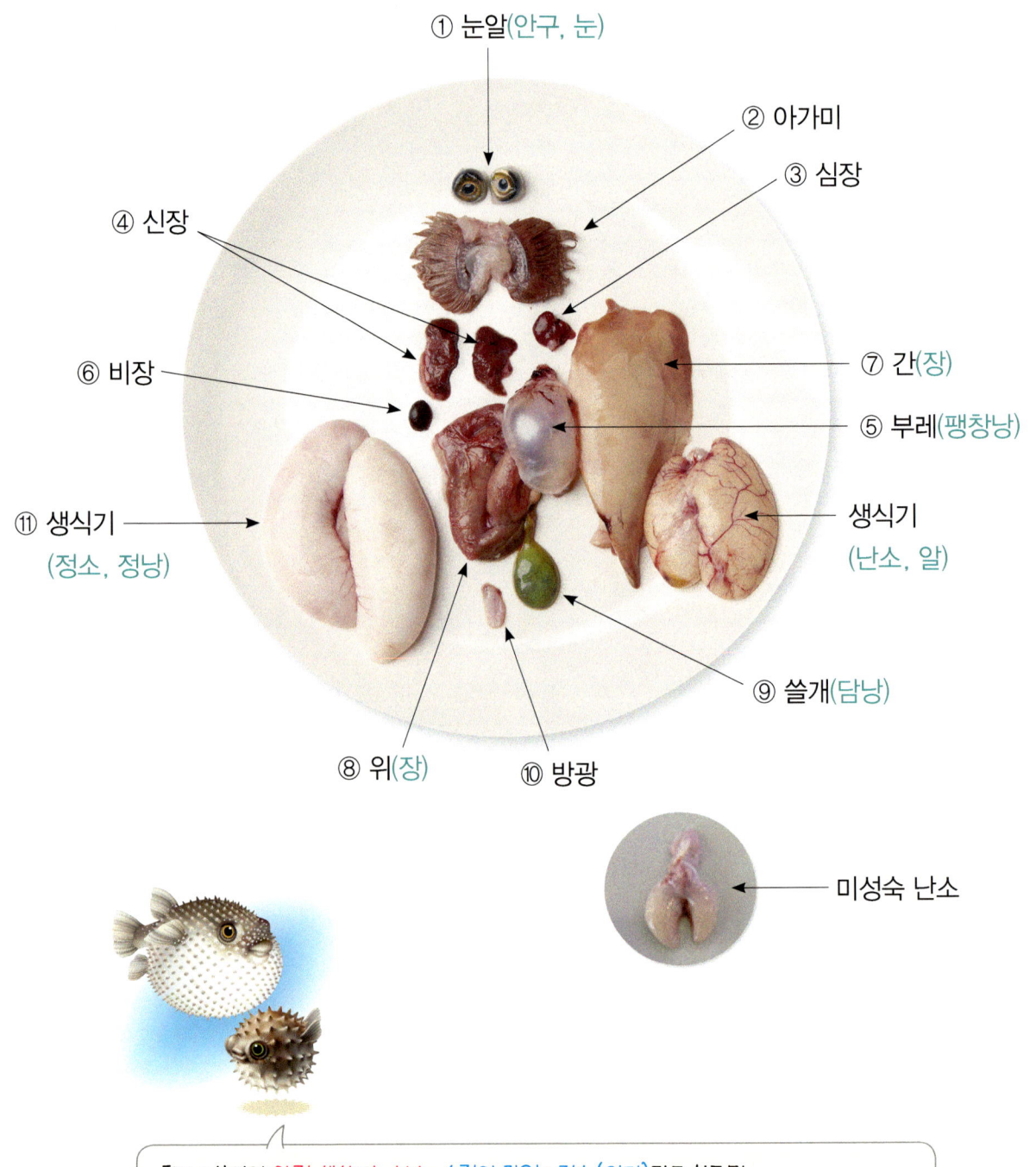

① 눈알(안구, 눈)
② 아가미
③ 심장
④ 신장
⑥ 비장
⑦ 간(장)
⑤ 부레(팽창낭)
⑪ 생식기 (정소, 정낭)
생식기 (난소, 알)
⑨ 쓸개(담낭)
⑧ 위(장)
⑩ 방광

미성숙 난소

참고 : 복어의 암컷 생식기는 난소, 수컷의 경우는 정소(이리)라고 부르며
난소의 경우는 테트로도톡신(Tetrodotoxin)이 함유되어 있어 사용할 수 없고
정소(이리)는 고니라고도 부르며 독소가 없어 요리에 사용한다.

02. 가식부위로 복어회와 복어껍질초회에 사용 부위

㉠ 복어살
㉡ 등껍질
㉢ 배껍질
㉣ 속살껍질
㉤ 지느러미

03. 가식부위로 복어죽의 육수로 사용하는 부위

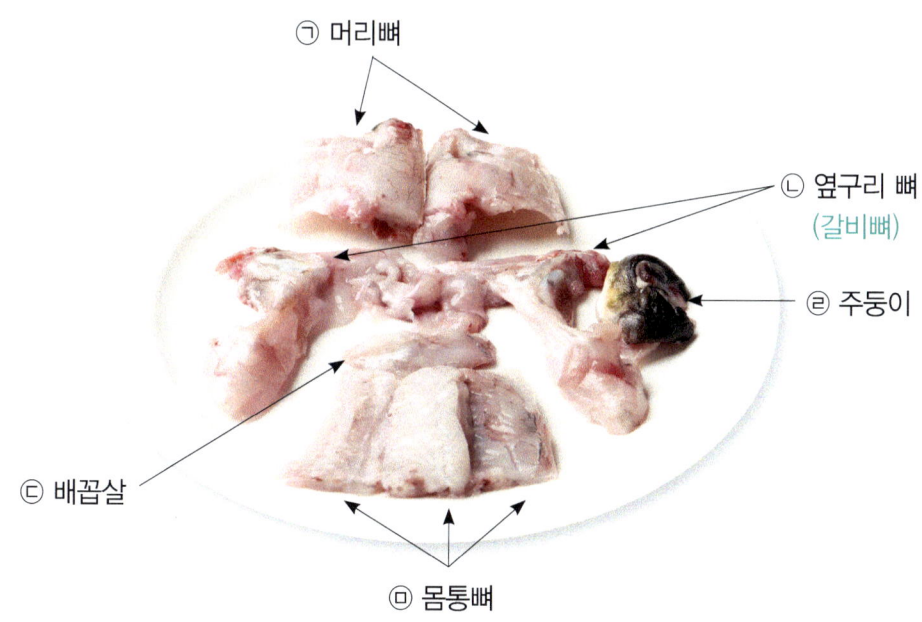

㉠ 머리뼈
㉡ 옆구리 뼈 (갈비뼈)
㉢ 배꼽살
㉣ 주둥이
㉤ 몸통뼈

복어조리기능사

실기시험 진행안내 및 배점안내
요구사항과 수험자 유의사항, 지급재료목록

01. 복어조리기능사 시험 진행안내 및 배점안내

1과제 복어부위별 감별

- 실기시험장에 입실하여 조리도구와 지급재료를 확인하는 시간을 먼저 드립니다.
- 준비가 끝나면 복어 부위감별을 위한 부위별 명칭을 써넣을 내장 사진이 들어간 A4 용지를 지급합니다.
- 관리위원의 "시작"이란 신호로 1분의 시간이 주어지며 시간이 종료되면 용지를 회수합니다.
  이어서 2과제인 복어회, 복어껍질초회, 복어죽(조우스이)을 55분안에 만들어서 제출합니다.

2과제 복어회, 복어껍질초회, 복어죽(조우스이)

- 3가지 과제를 55분안에 만들어서 제출합니다.

전체 점수 배점 및 내용

항목	배점	내용	
위생/안전	10점	• 개인위생 • 주방위생	• 식품위생 • 안전관리
복어부위 감별	5점	• 복어부위명칭	
조리기술	70점	• 껍질벗기기 • 겉속껍질지느러미소제 • 회용소제하기 • 회만들기 • 죽(조우스이)만들기	• 복어분리와 소제 • 껍질데치기 • 다시, 초간장, 양념만들기 • 복어껍질초회
작품의 평가	15점	• 완성도(색 등)	• 그릇담기
총	100점		

02. 국가기술자격 실기시험문제 공개

자격종목	복어조리기능사	과제명	복어부위감별, 복어회, 복어껍질초회, 복어죽(조우스이)

※문제지는 시험종료 후 본인이 가져갈 수 있습니다.

비번호		시험일시		시험장명	

※시험시간 : 56분(1과제 : 복어부위감별 1분, 2과제 : 조리작업 55분)

1. 요구사항

※ 위생과 안전에 유의하고, 지급된 재료 및 시설을 이용하여 아래 작업을 완성하시오.

가. **[1과제]** 제시된 복어 부위별 사진을 보고 1분 이내에 부위별 명칭을 답안지의 네모칸 안에 작성하여 제출하시오.

나. **[2과제]** 소제와 제독작업을 철저히 하여 복어회, 복어껍질초회, 복어죽을 만드시오.
  1) 복어의 겉껍질과 속껍질을 분리하여 손질하고 가시는 제거하시오.
  2) 회는 얇게 포를 떠 국화꽃 모양으로 돌려 담고, 지느러미·껍질·미나리를 곁들이고, 초간장(폰즈)과 양념(야쿠미)을 따로 담아내시오.
  3) 복어껍질초회는 껍질, 미나리를 4cm 길이로 썰어 폰즈, 실파·빨간무즙(모미지오로시)을 사용하여 무쳐내시오.
  4) 죽은 밥을 씻어 사용하고, 살은 가늘게 채 썰거나 뼈에 붙은 살을 발라내어 사용하고, 당근·표고버섯은 다지고, 뼈와 다시마로 다시를 만들고, 달걀은 완성 전에 넣어 섞어주고, 실파와 채 썬 김을 얹어 완성하시오.

2. 수험자 유의사항

  1) 만드는 순서에 유의하며, 위생과 숙련된 기능평가를 위하여 조리작업 시 맛을 보지 않습니다.
  2) 지정된 수험자지참준비물 이외의 조리기구나 재료를 시험장내에 지참할 수 없습니다.
  3) 지급재료는 시험 전 확인하여 이상이 있을 경우 시험위원으로부터 조치를 받고 시험 중에는 재료의 교환 및 추가 지급은 하지 않습니다.
  4) 요구사항 및 지급재료의 규격은 "정도"의 의미를 포함하며, 재료의 크기에 따라 가감하여 채점됩니다.
  5) 위생복, 위생모, 앞치마, 마스크를 착용하여야 하며, 시험장비·조리기구 취급 등 안전에 유의합니다.
  6) 다음 사항은 실격에 해당하여 **채점 대상에서 제외**됩니다.
   가) 수험자 본인이 시험 도중 시험에 대한 포기 의사를 표현하는 경우
   나) 위생복, 위생모, 앞치마, 마스크를 착용하지 않은 경우
   다) 시험시간 내에 과제 세 가지를 제출하지 못한 경우
   라) 독제거 작업과 작업 후 안전처리가 완전하지 않은 경우
   마) 완성품을 요구사항의 과제(요리)가 아닌 다른 요리(예, 복어회 → 복어초밥)로 만든 경우
   바) 불을 사용하여 만든 조리작품이 작품특성에 벗어나는 정도로 타거나 익지 않은 경우
   사) 지정된 수험자지참준비물 이외의 조리기술에 영향을 줄 수 있는 기구를 사용한 경우
   아) 가스레인지 화구 2개 이상(2개 포함) 사용한 경우
   자) 시험 중 시설·장비(칼, 가스레인지 등) 사용 시 시험위원 및 타수험자의 시험 진행에 위해를 일으킬 것으로 시험위원 전원이 합의하여 판단한 경우
   차) 부정행위에 해당하는 경우

7) 항목별 배점은 위생상태및안전관리 10점, 복어부위감별 5점, 조리기술 70점, 작품의 평가 15점입니다.
8) 제1과제 복어부위감별 작성시 비번호 및 답안작성은 검은색 필기구만 사용하여야 하며, 그 외 연필류, 유색 필기구, 지워지는 펜 등의 필기구를 사용하여 작성할 경우 0점 처리되오니 불이익을 당하지 않도록 유의해 주시기 바라며, 답안 정정 시에는 정정하고자 하는 단어에 두 줄(=)을 긋고 다시 작성하거나 수정테이프(수정액 제외)를 사용하여 정정하시기 바랍니다.
9) 시험시작 전 가벼운 몸 풀기(스트레칭) 동작으로 긴장을 풀고 시험을 시작합니다.

03. 지급재료목록

자격종목 (과제명)	복어조리기능사 (복어회, 복어껍질초회, 복어죽)			

일련번호	재료명	규격	단위	수량	비고
1	복어	700g	마리	1	
2	무		g	100	
3	생표고버섯	중	개	1	
4	당근	곧은 것	g	50	
5	미나리	줄기부분	g	30	
6	실파	쪽파 대체 가능	g	30	2줄기
7	밥	햇반 또는 찬밥	g	100	
8	김		장	1/4	
9	달걀		개	1	
10	레몬		쪽	1/6	
11	진간장		mL	30	
12	건다시마	5x10cm	장	2	
13	소금	정제염	g	10	
14	고춧가루	고운 것	g	5	
15	식초		mL	30	

※ 국가기술자격 실기시험 지급재료는 시험종료 후(기권, 결시자 포함) 수험자에게 지급하지 않습니다.
※ 재료의 수급 상황에 따라 일부 지급재료가 변경될 수 있습니다.
※ 국가기술자격 시험문제는 저작권법상 보호되는 저작물이고, 저작권자는 한국산업인력공단입니다. 시험문제의 일부 또는 전부를 무단 복제, 배포, (전자) 출판하는 등 저작권을 침해하는 일체의 행위를 금합니다.

〈국가기술자격 부정행위 예방 캠페인 : "부정행위, 묵인하면 계속됩니다."〉

복어 실기　1과제 : 복어 부위 감별

 시험시간 **1분**

요구사항

※제시된 복어 부위별 사진을 보고 1분 이내에 부위별 명칭을 답안지의 네모칸 안에 작성하여 제출하시오.

1. 제1과제 복어부위감별 작성시 비번호 및 답안작성은 검은색 필기구만 사용하여야 하며, 그 외 연필류, 유색 필기구, 지워지는 펜 등의 필기구를 사용하여 작성할 경우 0점 처리되오니 불이익을 당하지 않도록 유의해 주시기 바라며, 답안 정정 시에는 정정하고자 하는 단어에 두 줄(=)을 긋고 다시 작성하거나 수정테이프(수정액 제외)를 사용하여 정정하시기 바랍니다.

2. 총 11개의 칸으로 구성되어 있으며 제출하면 감독관이 채점을 하여 2과제 조리작업과 합산하여 총 점수가 공개된다.

3. **복어부위별 명칭**

번호	명칭
1	눈알(안구, 눈)
2	아가미
3	심장
4	신장
5	부레(팽창낭)
6	비장
7	간(장)
8	위(장)
9	쓸개(담낭)
10	방광
11	정소(정낭)

4. **배점**

복어 부위별 명칭이 모두 맞으면 만점(5점)
복어부위별 명칭이 1~2개 틀리면 3점
복어 부위별 명칭이 3~4개 틀리면 1점
복어 부위별 명칭이 5개 틀리면 0점

5. **감독관의 중점 체크 포인트**

부위별 명칭이 맞는지 체크
시간 내에 제출하는지 체크

6. **주의 사항**

- 내장 명칭 작성 시 정자로 써서 정확히 알아 볼 수 있도록 한다.
- 10. 방광을 방강으로 잘못 표기하지 않도록 한다.
- 심장과 신장을 혼동하여 표기하지 않도록 한다.
- 간(장)과 위(장)를 혼동하여 표기하지 않도록 한다.
- 쓸개를 쓸개즙으로 표기하지 않도록 한다.

국가기술자격 실기시험 답안지

자격종목 (1과제)	복어조리기능사 (복어부위감별)	비번호		감독 확인	

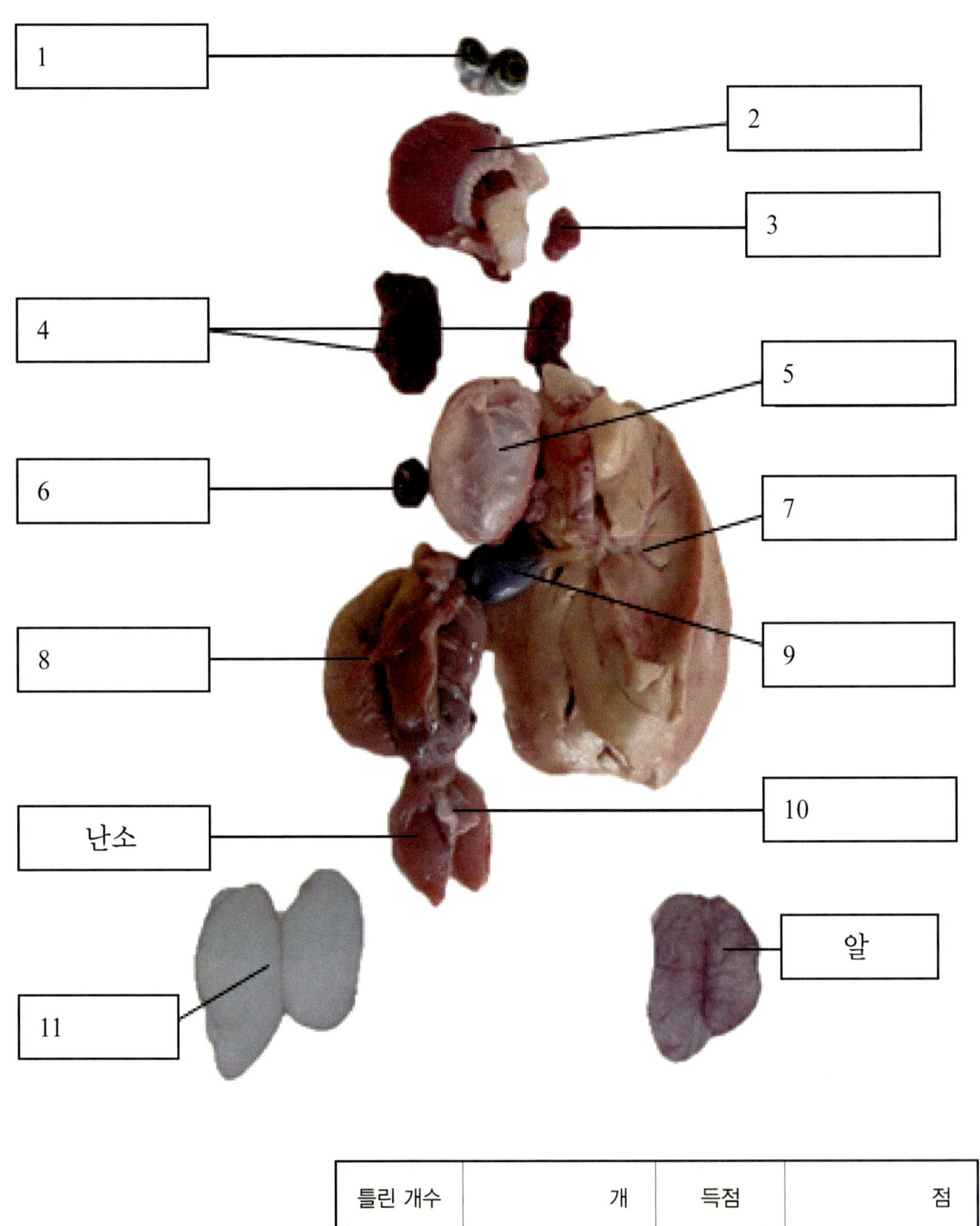

틀린 개수		개	득점		점

국가기술자격 실기시험 답안지

자격종목 (1과제)	복어조리기능사 (복어부위감별)	비번호		감독 확인	

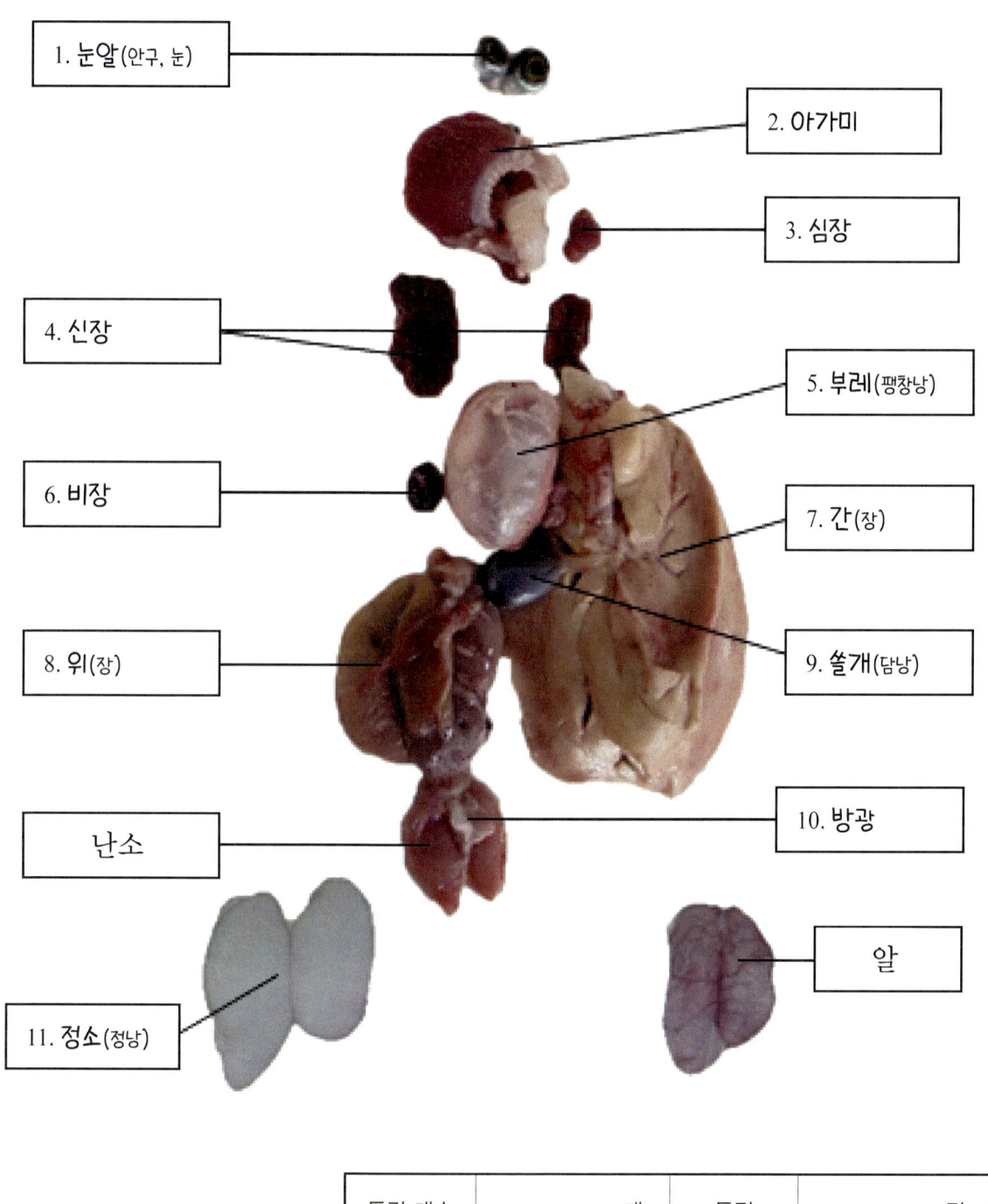

1. 눈알(안구, 눈)
2. 아가미
3. 심장
4. 신장
5. 부레(팽창낭)
6. 비장
7. 간(장)
8. 위(장)
9. 쓸개(담낭)
10. 방광
11. 정소(정낭)

난소

알

틀린 개수		개	득점		점

NCS능력단위 복어조리

복어 실기 2과제 : 조리작업 55분

01 복어회
(ふぐさし : 후구사시)

02 복어껍질초회
(ふぐかわのすのもの : 후구가와노스모노)

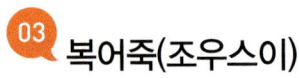
03 복어죽(조우스이)
(ふぐぞすい : 후구조우스이)

3가지 과제를 55분안에 만들어서 제출합니다

완성된 2과제

MEMO

NCS능력단위 **복어조리**

01 복어회

(ふぐさし : 후구사시)

 시험시간 **55분**

복어살은 조직이 치밀하고 질겨서 얇게 접시바닥이 비칠정도로 복어회를 포 떠서 준비해야 하며 초간장(폰즈)과 양념(야쿠미)을 곁들여 먹는다.

감독관의 중점 체크 포인트

- 회를 얇게 포 떠 국화꽃 모양으로 담았는지 체크
- 지느러미, 미나리를 이용하여 모양있게 장식했는지 체크
- 초간장(폰즈)과 양념(야쿠미)을 곁들였는지 체크

용어설명

- 후구(ふぐ) : 복어
- 폰즈(ポンず) : 감귤류의 과즙을 이용한 일식 조미료로 폰즈에 간장을 섞은 '폰즈 간장'도 일반적으로 '폰즈'라고 줄여서 부름
- 야쿠미(やくみ) : 음식에 곁들이는 양념
- 모미지오로시(もみじおろし) : 무를 강판에 갈아서 고운 고춧가루로 빨간색으로 물들인 것으로 마치 단풍이 물든 것 같다고 하여 붙여진 이름으로 아까오로시(あかおろし)라고도 함

요구사항

※ **소제와 제독작업을 철저히 하여 복어회를 만드시오**

가. 복어의 겉껍질과 속껍질을 분리하여 손질하고 가시는 제거하시오.
나. 회는 얇게 포를 떠 국화꽃 모양으로 돌려 담고, 지느러미·껍질·미나리를 곁들이고, 초간장(폰즈)과 양념(야쿠미)을 따로 담아내시오.
다. 껍질, 미나리 등은 4cm길이로 썰어 사용하시오.

수험자 유의사항

1. 만드는 순서에 유의하며, 위생과 숙련된 기능평가를 위하여 조리작업 시 맛을 보지 않습니다.
2. 지정된 수험자지참준비물 이외의 조리기구나 재료를 시험장내에 지참할 수 없습니다.
3. 지급재료는 시험 전 확인하여 이상이 있을 경우 시험위원으로부터 조치를 받고 시험 중에는 재료의 교환 및 추가지급은 하지 않습니다.
4. 요구사항 및 지급재료의 규격은 "정도"의 의미를 포함하며, 재료의 크기에 따라 가감하여 채점합니다.
5. 위생복, 위생모, 앞치마, 마스크를 착용하여야 하며, 시험장비·조리기구 취급 등 안전에 유의합니다.
6. 다음 사항은 실격에 해당하여 채점 대상에서 제외됩니다.
   가) 수험자 본인이 시험 도중 시험에 대한 포기 의사를 표현하는 경우
   나) 위생복, 위생모, 앞치마, 마스크를 착용하지 않은 경우
   다) 시험시간 내에 과제 세 가지를 제출하지 못한 경우
   라) 독제거 작업과 작업 후 안전처리가 완전하지 않은 경우
   마) 완성품을 요구사항의 과제(요리)가 아닌 다른 요리(예, 복어회 → 복어초밥)로 만든 경우
   바) 불을 사용하여 만든 조리작품이 작품특성에 벗어나는 정도로 타거나 익지 않은 경우
   사) 지정된 수험자지참준비물 이외의 조리기술에 영향을 줄 수 있는 기구를 사용한 경우
   아) 가스레인지 화구 2개 이상(2개 포함) 사용한 경우
   자) 시험 중 시설·장비(칼, 가스레인지 등) 사용 시 시험위원 및 타수험자의 시험 진행에 위해를 일으킬 것으로 시험위원 전원이 합의하여 판단한 경우
   차) 부정행위에 해당하는 경우

지급재료목록

복어(1마리) 700g, 무 100g, 생표고버섯(중) 1개, 당근(곧은 것) 30g, 미나리(줄기부분) 30g, 실파(쪽파 대체 가능, 2줄기) 30g, 밥(햇반 또는 찬밥) 100g, 김 1/4장, 달걀 1개, 레몬 1/6개, 진간장 30ml, 건다시마(5×10cm) 2장, 소금(정제염) 10g, 고춧가루(고운 것) 5g, 식초 30ml

 초간장(폰즈)
다시 1큰술, 진간장 1큰술
식초 1큰술

 양념(야쿠미)
빨간무즙(모미지오로시 = 아까오로시)
: 무 갈은 것 + 고춧가루, 실파, 레몬

조리과정

01 다시마 다시(다시물)만들기, 지느러미 준비

- 냄비에 찬물을 붓고 다시마 1장을 넣어 끓어 오르면 다시마를 건져내고 다시물을 준비한다.
- 양쪽 지느러미는 소금으로 문질러 손질하고 다듬어 작은 접시에 나비모양을 만들어 펴서 작업 중인 냄비(가스레인지 근처) 근처에 두고 마르도록 한다.

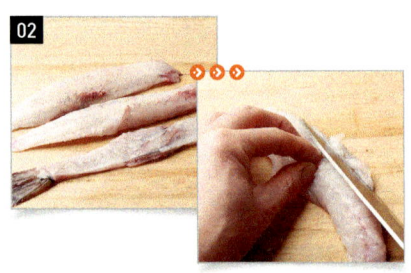

02 복어살 정리하기

- 횟감용 살은 꼬리 부분의 얇고 단단한 투명한 막을 분리하고 복어살에 붙어 있는 막을 도마에 밀착시켜 얇게 져며 분리한다.
- 내장에 붙어 있던 부분의 막도 도마와 밀착되도록 놓고 분리한다.
- 살의 옆부분 등에 붙어 있는 남아 있는 막 등도 깔끔하게 제거한다.
- 회가 일정하게 나올 수 있도록 복어살의 높이를 다듬어 준다.

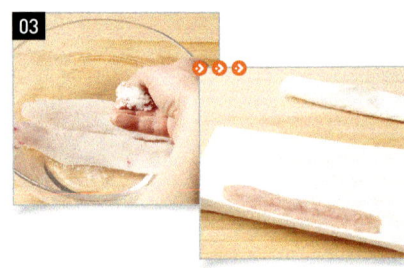

03 복어살 연한 소금물에 담그기

- 정리가 끝난 복어살은 연한 소금물에 잠시 담가두었다가 물기를 제거한 후 면보에 싸서 수분을 제거한다.

04 껍질 데치기

- 가시를 제거한 껍질(속껍질도 데쳐서 사용)은 끓는 물에 데치고 찬물에 담갔다가 물기를 제거한 후 펴서 알맞게 굳힌다.
- 굳힌 껍질(겉껍질, 속껍질)은 곱게 4cm 길이로 채 썬다.

> 채썬 껍질은 복어껍질초회와 복어회에 나누어서 사용한다.

시험장에서의 조리작업 순서

다시마 다시(다시물)만들기 ➡ 지느러미 손질하여 모양내어 말리기 ➡ 복어살 정리하여 소금물에 담그기, 면보에 싸서 수분 제거하기 ➡ 껍질 데쳐서 굳히기 ➡ 미나리준비 ➡ 양념(야쿠미준비) ➡ 폰즈준비 ➡ 회뜨기 ➡ 제출하기

05 미나리 준비

- 미나리는 연한 줄기로 골라 잎을 떼고 4cm 길이로 썬다.

06 양념(야쿠미) 준비 : 빨간무즙(모미지오로시)

- 무 : 무는 고운 강판에 갈아서 체에 밭쳐 냉수에 헹궈 슬며시 짠 후 고운 고춧가루로 색을 내어 빨간무즙(모미지오로시=아까오로시)을 만든다.

> 빨간무즙은 복어껍질초회와 복어회의 야쿠미로 나누어 사용한다.

07 양념(야쿠미) 준비 : 실파, 레몬

- 실파 : 실파는 흰 부분을 제거하고 파란 부분을 곱게 송송 썰어 찬물에 헹궈 물기를 제거한다.
- 레몬 : 0.3cm 정도의 두께로 반달썰기 한다.

> 송송썬 실파는 복어껍질초회, 복어회의 야쿠미, 복어죽에 나누어 사용한다.

08 폰즈

- 다시물 1큰술, 진간장 1큰술, 식초 1큰술을 혼합하여 폰즈를 만든다.

> 폰즈는 복어껍질초회와 복어회에 곁들이는 초간장(폰즈)으로 나누어 사용한다.

09 복어회 뜨기 준비하기

- 복어회 뜨기 준비를 한다.
- 왼쪽에 복어회 접시, 도마와 면보는 물기가 적당히 흡수되도록 적시고 면보는 도마의 오른쪽에 접어서 놓는다.

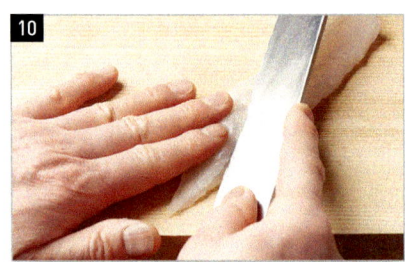

10 복어회 뜨기

- 복어살을 준비하여 회 뜨기를 시작한다. 처음 뜨는 2쪽 정도는 회가 두꺼우므로 접시에 놓지 않도록 하고 옆에 둔다.

11 복어회 뜨기

- 오른쪽 살이 약간 두껍고 왼쪽이 얇게 포를 일정하게 떠 나간다.

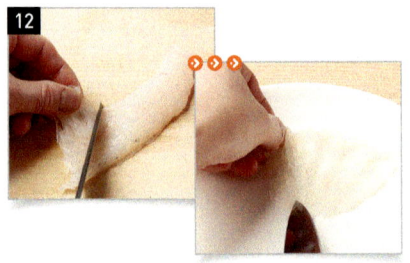

12 복어회 (국화꽃 모양)뜨기(시계 반대방향)

- 포 뜬 복어살은 시계 반대 방향으로 겹쳐가며 모양을 잡고 회2쪽을 놓고 접시는 시계 방향으로 조금씩 돌려 부채꼴이 유지되도록 한다.
- 회 뜬 살은 접시로 옮긴 후 왼손 엄지와 검지로 자연스럽게 곡선이 생기도록 힘 조절을 하며 모양을 잡아가며 손가락을 빼준다.
- 젖은 면보에 칼을 길게 닦아주면서 사용한다.

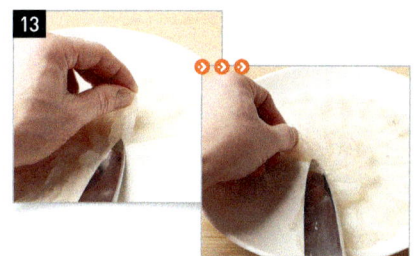

13 복어회 뜨기(안쪽 회 돌리기)

- 바깥쪽의 국화 모양이 완성되면 안쪽도 같은 방법으로 회를 돌려 준다.

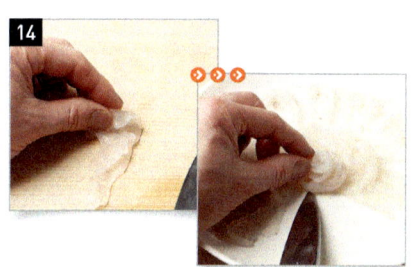

14 복어회 뜨기(가운데 공간 장미꽃 만들어 놓기)

- 회의 가운데 빈 공간은 회를 뜨다가 남은 것 또는 뜨다가 실패한 것을 모아 장미꽃 모양으로 만들어 올려 지느러미를 받칠 수 있도록 한다.

15 복어회에 껍질, 미나리, 지느러미 올리기

- 미리준비한 껍질과, 미나리, 말린 지느러미, 레몬을 복어 국화꽃 모양 중앙에 보기 좋게 담는다.

16 완성품 담기

- 완성된 복어회와 초간장(폰즈), 양념(야쿠미)을 함께 곁들여 낸다.

1. 복어회 돌려담기
- 복어회는 접시 밑의 색이 보이도록 얇게 떠야 하며 국화꽃 모양으로 시계 반대 방향으로 회를 돌려 담는다.
- 완성품의 전체 모양이 한쪽으로 치우치지 않고 균형감 있도록 돌려 담는다.
- 회의 양이 적어도 점수가 낮게 나오므로 회의 양이 적어보이지 않도록 주의한다.

2. 껍질은 두껍지 않도록 4cm로 가늘게 채 썰어 사용한다.

NCS능력단위 **복어조리**

복어껍질초회

(ふぐかわのすのもの : 후구가와노스모노)

 시험시간 55분

복어껍질의 가시를 완전히 제거하고 데쳐서 굳힌 후 미나리와 초간장(폰즈), 양념(야쿠미)으로 맛을 낸 무침요리로 껍질의 쫄깃한 식감과 폰즈의 새콤함, 빨간무즙과 실파 등의 양념이 어우러져 상큼한 조화를 이룬다.

감독관의 중점 체크 포인트

- 복어껍질 가시 제거의 숙련도 체크
- 껍질 데쳐서 굳히기 정도 체크
- 껍질과 미나리, 초간장(폰즈), 양념(야쿠미)의 적당한 조합 체크 (미나리 1.5 : 껍질 1)

용어설명

- 후구(ふぐ)-복어
- 폰즈(ポンず)- 감귤류의 과즙을 이용한 일식 조미료로 폰즈에 간장을 섞은 '폰즈 간장'도 일반적으로 '폰즈'라고 줄여서 부름
- 야쿠미(やくみ)-음식에 곁들이는 양념
- 모미지오로시(もみじおろし) : 무를 강판에 갈아서 고운 고춧가루로 빨간색으로 물들인 것으로 마치 단풍이 물든 것 같다고 하여 붙여진 이름으로 아까오로시(あかおろし)라고도 함

요구사항

※ 소제와 제독작업을 철저히 하여 복어껍질초회를 만드시오

가. 복어의 겉껍질과 속껍질을 분리하여 손질하고 가시는 제거하시오.
나. 복어껍질초회는 껍질과 미나리를 4cm 길이로 썰어 폰즈, 실파·빨간무즙(모미지오로시)을 사용하여 무쳐 내시오.

수험자 유의사항

1. 만드는 순서에 유의하며, 위생과 숙련된 기능평가를 위하여 조리작업 시 맛을 보지 않습니다.
2. 지정된 수험자지참준비물 이외의 조리기구나 재료를 시험장내에 지참할 수 없습니다.
3. 지급재료는 시험 전 확인하여 이상이 있을 경우 시험위원으로부터 조치를 받고 시험 중에는 재료의 교환 및 추가지급은 하지 않습니다.
4. 요구사항 및 지급재료의 규격은 "정도"의 의미를 포함하며, 재료의 크기에 따라 가감하여 채점합니다.
5. 위생복, 위생모, 앞치마, 마스크를 착용하여야 하며, 시험장비·조리기구 취급 등 안전에 유의합니다.
6. 다음 사항은 실격에 해당하여 채점 대상에서 제외됩니다.
   가) 수험자 본인이 시험 도중 시험에 대한 포기 의사를 표현하는 경우
   나) 위생복, 위생모, 앞치마, 마스크를 착용하지 않은 경우
   다) 시험시간 내에 과제 세 가지를 제출하지 못한 경우
   라) 독제거 작업과 작업 후 안전처리가 완전하지 않은 경우
   마) 완성품을 요구사항의 과제(요리)가 아닌 다른 요리(예, 복어회 → 복어초밥)로 만든 경우
   바) 불을 사용하여 만든 조리작품이 작품특성에 벗어나는 정도로 타거나 익지 않은 경우
   사) 지정된 수험자지참준비물 이외의 조리기술에 영향을 줄 수 있는 기구를 사용한 경우
   아) 가스레인지 화구 2개 이상(2개 포함) 사용한 경우
   자) 시험 중 시설·장비(칼, 가스레인지 등) 사용 시 시험위원 및 타수험자의 시험 진행에 위해를 일으킬 것으로 시험위원 전원이 합의하여 판단한 경우
   차) 부정행위에 해당하는 경우

지급재료목록

복어(1마리) 700g, 무 100g, 생표고버섯(중) 1개, 당근(곧은 것) 30g, 미나리(줄기부분) 30g, 실파(쪽파 대체가능, 2줄기) 30g, 밥(햇반 또는 찬밥) 100g, 김 1/4장, 달걀 1개, 레몬 1/6개, 진간장 30ml, 건다시마(5×10cm) 2장, 소금(정제염) 10g, 고춧가루(고운 것) 5g, 식초 30ml

 초간장(폰즈)
다시 1큰술, 진간장 1큰술
식초 1큰술

 빨간무즙
빨간무즙(모미지오로시 = 아까오로시)
: 무 갈은 것 + 고춧가루

조리과정

01 다시마 다시(다시물) 만들기
- 냄비에 찬물을 붓고 다시마1장을 넣어 끓어 오르면 다시마를 건져 내고 다시물을 준비한다.

02 복어껍질 손질하기
- 복어껍질은 겉껍질과 속껍질을 분리해서 겉껍질은 도마에 밀착시켜서 가시를 완전히 제거하고, 속껍질은 점액과 핏줄 등을 제거한다.
- 준비된 겉껍질과 속껍질을 끓는 물에 데친 후 즉시 찬물에 식힌다.

03 복어껍질 썰기
- 데친 껍질은 물기를 제거하고 말리는 과정을 거쳐 4cm 길이로 채 썬다.

04 초간장(폰즈) 만들기, 미나리 썰기
- 다시물 1큰술, 간장 1큰술, 식초 1큰술을 혼합하여 폰즈를 만든다.
- 미나리는 4cm 길이로 썬다.

시험장에서의 조리작업 순서: 다시마 다시(다시물) 만들기 ➡ 복어껍질 가시제거하기 ➡ 복어껍질 데쳐서 식힌 후 굳히기 ➡ 초간장(폰즈)만들기, 빨간무즙(모미지오로시) 만들기 ➡ 미나리 썰기 ➡ 초회 무치기 ➡ 그릇에 담기

05 빨간무즙(모미지오로시) 만들기, 실파 준비하기

- 무 : 무는 고운 강판에 갈아서 체에 받쳐 냉수에 헹궈 슬며시 짠 후 고운 고춧가루로 색을 내어 빨간무즙(모미지오로시=아까오로시)을 만든다.
- 실파 : 실파는 흰 부분을 제거하고 파란 부분을 곱게 송송 썰어 찬물에 헹궈 물기를 제거한다.

06 초회재료준비

- 채썬 복어껍질과 미나리를 한데 섞어 준비한다.

07 초회 무치기

- 폰즈 소스가 너무 많거나 적지 않도록 무침의 그릇을 약간 기울였을 때 약간 흐를 정도로 넣어준다.
- 복어껍질과 미나리 섞은그릇에 빨간무즙(모미지오로시)과 폰즈를 적당량 섞어 농도를 맞추고 실파를 넣어 복어껍질초회를 완성한다.

08 완성품 담기

- 초회는 미리 무쳐놓으면 숨이 죽으므로 제출하기 직전에 무쳐낸다.

1. 복어껍질
- 복어 속껍질을 깨끗하게 분리해야 가시 제거 시 겉껍질이 도마에 잘 밀착되어 가시를 밀기에 좋다.
- 속껍질도 무침에 활용해야 하므로 점액과 핏줄을 제거하여 준비한다.

2. 복어껍질 데치기
- 끓는 물에 데친 후 찬물(얼음물)에 식혀서 면보로 눌러 물기를 제거하고 4cm 길이가 나오도록 등분을 내서 면보에 복어껍질 1쪽을 올리고 다시 면보로 덮고 다시 복어껍질을 올리는 식으로 놓아 껍질이 겹치지 않도록 싸서 무거운 것으로 눌러 굳힌 다음 썬다.

3. 무치기
- 초간장(폰즈)의 양이 너무 많거나 적지 않도록 완성 그릇을 들었을 때 살짝 흐르는 정도로 무치고 미나리와 복어껍질의 비율을 적당량(미나리 1.5 : 껍질 1) 맞춰 무친다.

NCS능력단위 **무침조리**

03 복어죽(조우스이)

(ふぐぞすい : 후구조우스이)

시험시간 **55분**

일식 죽의 종류는 밥알의 형태가 있는 조우스이와 밥알의 형태가 없는 오카유로 구분되며 조우스이는 밥을 씻어 해물과 채소를 넣어 다시로 끓인 것으로 쌀을 절약하는 목적으로 시작된 후에 여러 가지 재료를 넣어 만들었으며 복어죽 외에 전복죽, 버섯죽 등이 있다.

감독관의 중점 체크 포인트

- 복어뼈 전체를 사용하는지 체크
- 복어뼈를 데쳐서 사용하는지 체크
- 복어뼈 다시가 맑게 나오는지 체크
- 복어 죽의 형태가 살아 있는지 체크

용어설명

- 후구(ふぐ) : 복어
- 조우스이(ぞうすい) : 밥알의 형태가 있게 끓인 죽

요구사항

※ 소제와 제독작업을 철저히 하여 복어죽(조우스이)를 만드시오

가. 죽은 밥을 씻어 사용하고, 살은 가늘게 채 썰거나 뼈에 붙은 살을 발라내어 사용하고, 당근·표고버섯은 다지고, 뼈와 다시마로 다시를 만들고, 달걀은 완성 전에 넣어 섞어주고, 실파와 채 썬 김을 얹어 완성하시오.

수험자 유의사항

1. 만드는 순서에 유의하며, 위생과 숙련된 기능평가를 위하여 조리작업 시 맛을 보지 않습니다.
2. 지정된 수험자지참준비물 이외의 조리기구나 재료를 시험장내에 지참할 수 없습니다.
3. 지급재료는 시험 전 확인하여 이상이 있을 경우 시험위원으로부터 조치를 받고 시험 중에는 재료의 교환 및 추가지급은 하지 않습니다.
4. 요구사항 및 지급재료의 규격은 "정도"의 의미를 포함하며, 재료의 크기에 따라 가감하여 채점합니다.
5. 위생복, 위생모, 앞치마, 마스크를 착용하여야 하며, 시험장비·조리기구 취급 등 안전에 유의합니다.
6. 다음 사항은 실격에 해당하여 채점 대상에서 제외됩니다.
   가) 수험자 본인이 시험 도중 시험에 대한 포기 의사를 표현하는 경우
   나) 위생복, 위생모, 앞치마, 마스크를 착용하지 않은 경우
   다) 시험시간 내에 과제 세 가지를 제출하지 못한 경우
   라) 독제거 작업과 작업 후 안전처리가 완전하지 않은 경우
   마) 완성품을 요구사항의 과제(요리)가 아닌 다른 요리(예, 복어회 → 복어초밥)로 만든 경우
   바) 불을 사용하여 만든 조리작품이 작품특성에 벗어나는 정도로 타거나 익지 않은 경우
   사) 지정된 수험자지참준비물 이외의 조리기술에 영향을 줄 수 있는 기구를 사용한 경우
   아) 가스레인지 화구 2개 이상(2개 포함) 사용한 경우
   자) 시험 중 시설·장비(칼, 가스레인지 등) 사용 시 시험위원 및 타수험자의 시험 진행에 위해를 일으킬 것으로 시험위원 전원이 합의하여 판단한 경우
   차) 부정행위에 해당하는 경우

지급재료목록

복어(1마리) 700g, 무 100g, 생표고버섯(중) 1개, 당근(곧은 것) 30g, 미나리(줄기부분) 30g, 실파(쪽파 대체 가능, 2줄기) 30g, 밥(햇반 또는 찬밥) 100g, 김 1/4장, 달걀 1개, 레몬 1/6개, 진간장 30ml, 건다시마(5×10cm) 2장, 소금(정제염) 10g, 고춧가루(고운 것) 5g, 식초 30ml

조리과정

01 복어뼈 넣어 다시물 만들기

- 복어에서 나오는 모든 뼈는 흐르는 물에 담가 핏물을 제거한다.
- 복어뼈는 끓는 물에 데쳐서 다시 한번 찬물에 씻어 준비한다.
- 손질된 복어 모든 뼈와 다시마를 넣고 은근하게 다시를 만들어 면보에 거른다.

02 밥 씻기, 복어살 긁어내기

- 밥은 찬물에 씻어 전분기를 빼서 체에 받쳐 둔다.
- 복어뼈에서 복어살을 긁어내 모아둔다(복어살을 가늘게 채썰어서 사용해도 좋음).

03 김 채썰기, 표고버섯, 당근 다지기

- 김은 구워서 채 썬다.
- 표고버섯은 기둥을 떼고 포 떠서 잘게 다진다(형태가 있게 잘게).
- 당근도 잘게 다진다(형태가 있게 잘게).

04 실파 송송썰기, 달걀물 준비

- 실파는 송송 썬다.
- 달걀은 풀어 준비한다.

시험장에서의 **조리작업 순서**

복어 모든 뼈 손질 하기 ➡ 복어뼈 데쳐 찬물에 헹구기 ➡ 복어뼈와 다시마로 다시 만들기 ➡ 뼈에서 복어살 긁어내기(복어살 가늘게 채썰기) ➡ 밥은 찬물에 씻어 전분기를 빼고 체에 받쳐두기 ➡ 김 채썰기, 표고버섯, 당근 다지기 ➡ 실파 송송썰기, 달걀물 준비 ➡ 복어죽 끓이기(씻은 밥 넣기) ➡ 복어죽 끓이기(복어살과 채소 넣기) ➡ 죽 간하기(간장 약간, 소금간) ➡ 달걀물 넣기(1/2만 사용) ➡ 그릇에 담기(실파와 김 채 얹기)

05 복어죽 끓이기(씻은 밥 넣기)

- 냄비에 01 의 다시 물 2~3컵을 넣고 끓으면 씻어 놓은 밥을 넣어 끓인다.

06 복어죽 끓이기(복어살과 채소 넣기)

- 밥이 끓으면 굵어놓은 복어살과 채 썬 복어살, 당근, 표고버섯을 넣고 중약 불에서 끓인다.

07 죽 간하기(간장 약간, 소금간), 달걀물 넣기

- 쌀의 형태는 살아있고 농도가 나오면 간장 조금으로 맛을 내고, 소금으로 간을 하여 불을 끄고 달걀 물(약 1/2만 사용)을 넣고 나무주걱으로 덩어리가 지지 않도록 잘 저어 그릇에 담는다.

08 완성품 담기

- 완성된 복어 죽에 송송 썬 실파와 채 썬 김을 올려 완성한다.
- 미리 채 썬 김을 얹으면 눅눅해지므로 제출 직전에 올린다.

참고 사항

1. 모든 복어뼈를 사용하며 흐르는 물에서 핏물을 제거하고 끓는 물에 데쳐 사용한다.
2. 밥은 찬물에 씻어 전분기를 빼서 사용한다.
3. 달걀물은 불을 끈 후에 나무주걱으로 10회 이상 죽을 저어 뜨거운 김을 살짝 날리고 높이 들어 달팽이처럼 밖에서 안으로 원을 그리듯 붓고 신속하게 나무주걱으로 가볍게 저어 죽과 어우러지게 한다. 끓을 때 넣거나 넣은 후 끓이면 달걀 물이 덩어리지므로 주의한다.

일식·복어
조리기능사 실기시험문제

2026년 01월 05일 인쇄
2026년 01월 20일 발행

지은이_ 노수정(조리기능장), 문안나(조리기능장),
　　　　권정일(조리기능장), 김봉훈(조리기능장),
　　　　임병용(조리기능장), 최정민(조리기능장)
펴낸이_ 이강복
펴낸곳_ (주)도서출판 책과상상

저자협의
인지생략

출판등록_ 제2020-000205호
주　　소_ 경기도 고양시 일산동구 장항로 203-191
편집문의_ 02-3272-1703
구입문의_ 02-3272-1704
홈페이지_ www.sangsangbooks.co.kr
I S B N_ 979-11-6967-262-7

값 18,000원